Klaus Körner
»Der Antrag ist abzulehnen«

W0236288

Klaus Körner

»Der Antrag ist abzulehnen«

14 Vorwände gegen die Entschädigung von Zwangsarbeitern

Eine deutsche Skandalgeschichte 1945–2000

KONKRET LITERATUR VERLAG

© 2001 Konkret Literatur Verlag, Hamburg
Lektorat: Sonja Hinte
Umschlaggestaltung: Peter Albers
Umschlagfoto: dpa
Satz: H & G Herstellung, Hamburg
Druck: AALEXX Druck, Großburgwedel
ISBN 3-89458-205-7
www.konkret-literatur-verlag.de

Inhalt

Statt eines Vorworts

»Nur zum Dienstgebrauch!
Lediglich zur mündlichen Eröffnung!

Pflichten der Zivilarbeiter und -arbeiterinnen polnischen
Volkstums während ihres Aufenthalts im Reich

Jedem Arbeiter polnischen Volkstums gibt das Großdeut-
sche Reich Arbeit, Lohn und Brot. Es verlangt dafür, dass
jeder die ihm zugewiesene Arbeit gewissenhaft ausführt
und die bestehenden Gesetze und Anordnungen sorgfältig
beachtet.
Für alle Arbeiter und Arbeiterinnen polnischen Volkstums
im Großdeutschen Reich gelten folgende besondere Bestim-
mungen.

1. *Das Verlassen des Aufenthaltsortes ist streng verboten.*
2. *Während des von der Polizeibehörde angeordneten Aus-*
   gehverbotes darf auch die Unterkunft nicht verlassen
   werden.
3. *Die Benutzung der öffentlichen Verkehrsmittel, z. B. Ei-*
   senbahn, ist nur mit besonderer Erlaubnis der Ortspoli-
   zeibehörde gestattet.
4. *Alle Arbeiter und Arbeiterinnen polnischen Volkstums*
   haben die ihnen übergebenen Abzeichen stets sichtbar
   auf der rechten Brustseite eines jeden Kleidungsstückes
   zu tragen. Das Abzeichen ist auf dem Kleidungsstück fest
   anzunähen.

5. Wer lässig arbeitet, die Arbeit niederlegt, andere Arbeiter aufhetzt, die Arbeitsstätte eigenmächtig verlässt usw., erhält Zwangsarbeit im Arbeitserziehungslager. Bei Sabotagehandlungen und anderen schweren Verstößen gegen die Arbeitsdisziplin erfolgt schwerste Bestrafung, mindestens eine mehrjährige Unterbringung in einem Arbeitserziehungslager.

6. Jeder gesellige Verkehr mit der deutschen Bevölkerung, insbesondere der Besuch von Theatern, Kinos, Tanzvergnügen, Gaststätten und Kirchen, gemeinsam mit der deutschen Bevölkerung, ist verboten. Tanzen und Alkoholgenuss ist nur in den den polnischen Arbeitern besonders zugewiesenen Gaststätten gestattet.

7. Wer mit einer deutschen Frau oder einem deutschen Mann geschlechtlich verkehrt oder sich ihnen sonst unsittlich nähert, wird mit dem Tode bestraft.

8. Jeder Verstoß gegen die für die Zivilarbeiter polnischen Volkstums erlassenen Anordnungen und Bestimmungen wird in Deutschland bestraft, eine Abschiebung nach Polen erfolgt nicht.

9. Jeder polnische Arbeiter und jede polnische Arbeiterin hat sich stets vor Augen zu halten, dass sie freiwillig zur Arbeit nach Deutschland gekommen sind. Wer diese Arbeit zufriedenstellend macht, erhält Brot und Lohn. Wer jedoch lässig arbeitet und die Bestimmungen nicht beachtet, wird besonders während des Kriegszustandes unnachsichtig zur Rechenschaft gezogen.

10. Über die hiermit bekannt gegebenen Bestimmungen zu sprechen oder zu schreiben ist strengstens verboten.«

Merkblatt vom 8. März 1940, in: Documenta Ocupationes, Bd. 10, Poznan 1976, S. 18 f.

Einleitung

14 Vorwände gegen die Entschädigung von Zwangsarbeitern

Am 30. Mai 2001 traf der Bundestag eine bedeutungsvolle Entscheidung. Er stellte fest, dass die Rechtssicherheit für deutsche Unternehmen vor Klagen von Zwangsarbeitern auf Entschädigung in den USA gewährleistet sei. Damit war für die Stiftungsinitiative der deutschen Wirtschaft die Bedingung erfüllt, um ihren Anteil an die im Vorjahr gegründete Bundesstiftung »Erinnerung – Verantwortung – Zukunft« zu entrichten. Zugleich konnte die Auszahlung der vorgesehenen 10 Milliarden D-Mark Stiftungsgelder an etwa 750 000 anspruchsberechtigte ehemalige Zwangsarbeiter beginnen. Damit war der Schlusspunkt hinter eine der größten Entschuldungsaktionen in der neueren Wirtschaftsgeschichte zu Gunsten von Unternehmen und zu Lasten von Zwangsarbeitern der NS-Zeit gesetzt.

Den Gründungskanzler der Bundesrepublik, Konrad Adenauer, hatte in den 50er Jahren immer wieder die düstere Vision geplagt, eines Tages könnte dem deutschen Volk in einem Friedensvertrag die Gesamtrechnung für den »in seinem Namen begonnenen und von ihm verlorenen Krieg« präsentiert werden. Die deutsche Öffentlichkeit hatte in jenen Jahren bei dem Stichwort Friedensvertrag nicht an Reparationsforderungen gedacht, sondern an Wiedervereinigung, Ende der Besatzungszeit und Rückgabe der Oder-Neiße-Gebiete. Als die Bundesregierung im Januar 1954 zu Beginn der Berliner Außenministerkonferenz über die deutsche Frage an alle Litfasssäulen Plakate mit ihren Forderungen nach freien Wahlen, Bildung einer gesamtdeutschen Regierung und einem frei vereinbarten Friedensvertrag kleben ließ, kommentierte der Chefredakteur des Bayerischen Rundfunks Walter von Cube, eine Einigung der Vier Mächte im Jahre 1954 bedeute, den Krieg noch einmal zu verlieren. Es müsse vielmehr darauf ankommen, den Friedensvertrag möglichst weit in die Zukunft zu verschieben. Jedes weitere Jahr mache den Frieden billiger. Der französische Wirtschaftshistoriker André Piettre brachte das Thema auf die einfache Formel: »Hauptfeind der Reparationen ist die Zeit.«[1]

Bundeskanzler Adenauer und seine Nachfolger taten deshalb alles, um den Abschluss eines Friedensvertrages im Sinn einer Gesamtrechnung der Alliierten für den Zweiten Weltkrieg zu verhindern. Dazu trugen auch Abschlagszahlungen in Form von Wiedergutmachungsleistungen bei. Über 120 Milliarden D-Mark hat die Bundesrepublik bis zum Jahr 2001 gezahlt, um Verfolgte des Nationalsozialismus, vor allem Deutsche oder frühere Deutsche, zu entschädigen. Die Entschädigung ausländischer Verfolgter, in der Mehrheit Zwangsarbeiter, war dagegen über Jahrzehnte ausgeschlossen und als unbestimmtes Zukunftsprojekt behandelt worden. Bonn wollte die Frage der Zwangsarbeiterentschädigung als Reparationsproblem bis zu einem Friedensvertrag, dessen Abschluss in den Sternen stand, vertagen. Da die Mehrheit der ehemaligen Zwangsarbeiter in Osteuropa lebte, konnte man auch davon ausgehen, dass sie durch den »Eisernen Vorhang« an der Geltendmachung

---

[1] Piettre, André: L'Économie allemande contemporaine (Allemagne occidentale) 1945-1952, Paris 1952, S. 108

von Ansprüchen gehindert würde. Im Stillen hoffte man, die Frage würde ihre »biologische Lösung« durch den Tod der Anspruchsberechtigten finden. – Eine Rechnung, die im Wesentlichen aufgegangen ist, 90 Prozent von ihnen sind inzwischen verstorben, jeden Tag sterben weitere 200.

Mehr als elf Millionen Zwangsarbeiter wurden zwischen 1939 und 1945 in der deutschen Kriegswirtschaft eingesetzt. Die Bezeichnung Zwangsarbeiter umfasst im weitesten Sinne alle nicht freiwillig nach Deutschland gekommenen Arbeiter, zur Zwangsarbeit eingesetzte Kriegsgefangene und in KZ's zur Arbeit gezwungene Häftlinge. Angefangen hatte der Einsatz von ausländischen Arbeitern mit Anwerbungen von freiwilligen Fremdarbeitern, wie die euphemistische Bezeichnung lautete, im besetzten Westeuropa. Den Ausländern wurden ordentliche Arbeitsbedingungen und dem deutschen Niveau entsprechende Sozialleistungen und Entlohnung zugesagt. Nach dem deutschen Angriff auf die Sowjetunion im Juni 1941 warb die deutsche Besatzungsverwaltung in Frankreich mit großflächigen blau-weiß-roten Plakaten für den Arbeitseinsatz in Deutschland. Darauf sind Arbeiter in blauen Arbeitsanzügen abgebildet, die auf einen weißen Horizont im Osten zuströmen, vor dem deutsche Fabrikschornsteine rauchen. Über dem Ganzen in das Morgenrot getaucht der Umriss eines überdimensionalen Kopfes eines Wehrmachtssoldaten. Dazu der Text: »Sie geben ihr Blut, gebt ihr eure Arbeit – zur Rettung Europas vor dem Bolschewismus«.[2] Viele Westeuropäer sahen in der Arbeitsaufnahme in Deutschland eine Möglichkeit, den Entbehrungen und Drangsalierungen der deutschen Besat-

---

[2] Rhodes, Anthony: Propaganda. The Art of Persuasion: World War II, New York u. London 1976, S. 196

zungsherrschaft oder auch einfach der Arbeitslosigkeit in der Heimat zu entkommen. Doch mit dem Fortgang des Krieges wurden die Bedingungen härter. Es entfiel die Freiwilligkeit, die deutschen Arbeitsschutzbestimmungen wurden nicht mehr eingehalten und kein ordentlicher Lohn gezahlt. Schließlich ging das Reich ab 1942 offen zur Deportation von Arbeitskräften aus der Sowjetunion und Polen über. Durch Plakatanschlag wurden ganze Jahrgänge von Arbeitern aufgefordert, sich etwa auf dem Hauptbahnhof in Kiew zum Abtransport nach Deutschland einzufinden. In einem der sogenannten Tischgespräche im Führerhauptquartier belehrte Hitler am 2. Mai 1942 seine Tafelrunde, 20 Millionen billige ausländische Arbeitskräfte brächten »einen Gewinn, der die durch den Krieg entstandenen Reichsschulden bei weitem übertrifft«.[3]

In Polen hatte die deutsche Besatzungsverwaltung schon im Herbst 1939 Erfahrungen mit der Aushebung von Zwangsarbeitern gesammelt. Das Programm des Generalbevollmächtigten für den Arbeitseinsatz, Fritz Sauckel, vom 20. April 1942 sah vor, drei Viertel der benötigten ausländischen Arbeiter gewaltsam aus den besetzten Gebieten der Sowjetunion zu rekrutieren. In einem von der Auslandsbriefprüfstelle, einer Dienststelle der Abwehr in Berlin, abgefangenen Brief von 1942 heißt es über die Anwerbemethoden: »Man fängt jetzt Menschen, wie die Schinder früher Hunde gefangen haben. Man ist schon eine Woche auf Jagd und hat noch nicht genug. Die gefangenen Arbeiter werden in einer Schule eingesperrt, sie dürfen nicht einmal hinaus, um ihre Bedürfnisse zu erledi-

---

[3] Picker, Henry: Hitlers Tischgespräche im Führerhauptquartier 1941-1942, hrsg. v. Gerhard Ritter, Bonn 1951, S. 237

gen, sondern müssen es wie die Schweine im selben Raum tun.« In einem zweiten Brief: »Am 5. 10. sollten einige aus dem Kowkuski Bezirk nach Deutschland fahren, aber sie wollten nicht, und man hat das Dorf angesteckt. Dasselbe haben sie in Borowytshi zu tun versprochen, als nicht alle zur Abfahrt Bestimmten fahren wollten.« Die Berichte der Auslandsbriefprüfstelle wurden später als Dokumente der Anklage im Nürnberger Prozess gegen die Hauptkriegsverbrecher verwendet.

In einem Bericht des Ministeriums für die besetzten Ostgebiete, dessen Chef Alfred Rosenberg davon träumte, Weißrussland und die Ukraine zu deutschen Vasallenstaaten zu machen, ebenfalls aus dem Jahr 1942, heißt es: »In der üblichen grenzenlosen Missachtung slawischer Menschen wurden bei der ›Werbung‹ Methoden angewandt, die wohl nur in den schwärzesten Zeiten des Sklavenhandels ihr Vorbild haben. Es setzte eine regelrechte Menschenjagd ein. Ohne Rücksicht auf Gesundheitszustand und Lebensalter wurden die Menschen nach Deutschland verfrachtet.«[4]

In Deutschland wurden die sogenannten Ostarbeiter meist in Barackenlagern untergebracht, aus denen sie in geschlossener Kolonne in die Vertragsfirmen marschieren mussten. Die »Polenarbeiter« mussten ein »P« auf der Arbeitsjacke tragen, die übrigen »Ostarbeiter« aus der Sowjetunion die Kennzeichnung »Ost«. Für ihre Arbeit erhielten

---

[4] Deutschland im zweiten Weltkrieg, hrsg. v. d. Akademie der Wissenschaften der DDR unter Leitung v. Wolfgang Schumann u. Karl Drechsler, Bd. 2, Berlin/DDR, 1975, S. 437
Der Prozeß gegen die Hauptkriegsverbrecher vor dem Internationalen Militärgerichtshof Nürnberg 1945-1946, Dokument 018-PS, Bd. 25, Nürnberg 1947, S. 74 ff.

sie Lagergeld, für das es bestenfalls etwas Brot zu kaufen gab, um die miserable Verpflegung etwas aufzubessern. Zum Teil wurden sie in Regiebetrieben der SS eingesetzt oder in Fabriken, die nahe einem KZ errichtet waren, so das I.G. Farben Werk in Auschwitz-Monowitz. Dort war die Behandlung durch das Firmenpersonal so brutal, dass manchmal sogar die SS einschreiten musste, um die Zwangsarbeiter zu schützen. Hier lebten die Arbeiter unter der ständigen Furcht, bei Arbeitsunfähigkeit im nahe gelegenen KZ ermordet zu werden.

Zwangsarbeiterinnen und Zwangsarbeiter wurden in allen Branchen und Bereichen eingesetzt, von der Haushaltsgehilfin über den Landarbeiter oder Handwerker bis zum Arbeiter in der Rüstungsindustrie. In den kleinen Betrieben wurden sie manchmal sogar ordentlich behandelt. Bei den großen Firmen herrschte das nüchterne Kalkül vor. Die Industrie erhielt zwar Produktionsauflagen vom Rüstungsministerium, doch Zwangsarbeiter wurden nur auf Anforderung der einzelnen Firmen von den Reichsstellen »vermittelt«, nicht etwa den Firmen gegen ihren Willen zugewiesen. Billige Zwangsarbeiter ermöglichten der Industrie im Westen des Reiches umfangreiche Investitionen, die Basis für das spätere »Wirtschaftswunder« der Bundesrepublik.

Mit dem Kriegsende setzte eine der größten Völkerwanderungen der neueren Geschichte ein. Millionen von befreiten Kriegsgefangenen, KZ-Häftlingen und Zwangsarbeitern kehrten in ihre Heimat zurück – und Millionen von Deutschen aus den Ostgebieten flüchteten nach Potsdam-Deutschland, Millionen von Wehrmachtssoldaten landeten in Kriegsgefangenenlagern.

Die Nürnberger Kriegsverbrecherprozesse von 1946 bis

1949 bildeten den ersten Versuch, die Verschleppung zur Zwangsarbeit zu ahnden.[5] Im Statut des Internationalen Militärtribunals von 1945 sind »Verschleppung zur Zwangsarbeit«, »Versklavung« und »Zwangsverschleppung« als Kriegsverbrechen und Menschheitsverbrechen aufgeführt. Der Generalbevollmächtigte für den Arbeitseinsatz Fritz Sauckel wurde deshalb im Hauptkriegsverbrecherprozess mit dem Tode bestraft. Im Folgeprozess gegen die 23 leitenden Angestellten der I.G. Farben wurden 13 von ihnen wegen derselben Verbrechen zu Haftstrafen verurteilt.

Aufgabe der Nürnberger Prozesse war nur die strafgerichtliche Aburteilung. Die Frage der Entschädigung der Zwangsarbeiter gehörte in den Komplex von Reparationen und Wiedergutmachung.

Versuche, die Entschädigungsansprüche der Zwangsarbeiter zu berechnen, führen zu gewaltigen Summen, wenn man die Lohnforderungen für das Jahr 1945 zu Grunde legt sowie Geldentwertung und mittlere Zinsen dazu zählt.[6] Die Summen wachsen weiter, wenn man Entschädigungen für die mit der Zwangsarbeit verbundene Freiheitsberaubung und die Gesundheitsschäden in Anrechnung bringt. Im Ergebnis kann man zu dreistelligen Milliardenbeträgen gelangen.

Für die Geltendmachung dieser Ansprüche – kollektiv oder individuell – gab es mehrere Rechtsgrundlagen. Der erste und allgemeine Entschädigungsanspruch ist die Repa-

---

[5] Heinze, Kurt und Karl Schilling: Die Rechtsprechung der Nürnberger Militärtribunale. Sammlung der Rechtsthesen der Urteile und gesonderten Urteilsbegründungen der dreizehn Nürnberger Prozesse, Bonn 1952, S. 246-252
[6] Kuczynski, Thomas: Entschädigungsansprüche für Zwangsarbeit im »Dritten Reich«, in: Stiften gehen, hrsg. v. Ulrike Winkler, Köln 2000, S. 170 ff.

rationsforderung des Siegerstaats gegen den besiegten Feindstaat, der einen Angriffskrieg begonnen hatte. Anders als noch im 19. Jahrhundert, als die Völkerrechtslehre jedem Staat das Recht auf einen Krieg zugestand, gilt seit dem Briand-Kellog-Pakt von 1928 das Verbot des Angriffskrieges. Fast alle Staaten der Welt hatten darin erklärt, dass sie auf Krieg als Mittel zur Lösung von Streitigkeiten oder zur Durchsetzung der nationalen Politik verzichten. Seither gilt der Angriffskrieg als Völkerrechtsdelikt. Die Reparationsforderung ist also ein völkerrechtlich begründeter Schadensersatzanspruch. Der Ausdruck Reparationen wurde nach Abschluss des Versailler Vertrages von 1919 in die Rechtssprache übernommen, vorher sprach man von Kriegsentschädigungen oder Kriegskontributionen. Die deutsche Übersetzung des Begriffs »réparations« des Versailler Vertrages aus dem Französischen lautet 1919 Wiedergutmachung. Die Reparationsforderung kann sowohl die Schäden, die dem Siegerstaat entstanden sind, als auch die Individualschäden seiner Bürger umfassen, also auch die der Zwangsarbeiter.

Neben dem kollektiven Anspruch der Siegerstaaten bestehen individuelle Ansprüche der Geschädigten. Nach einer Entscheidung des Bundesverfassungsgerichts von 1996 gehen die Individualansprüche keineswegs, wie es die bis dahin herrschende Rechtsmeinung war, im kollektiven völkerrechtlichen Reparationsanspruch des Siegerstaates auf.

Der einzelne ehemalige Zwangsarbeiter kann gegen Deutschland einen Staatshaftungsanspruch nach § 839 BGB wegen der völkerrechtswidrigen Behandlung geltend machen. Möglich sind auch weitere Ersatzansprüche aus dem öffentlichen Recht. Die Rechtslehre hat ein ganzes

System von Anspruchsgrundlagen des Bürgers gegen den Staat entwickelt, das geht vom Anspruch auf Ersatz des vom Staat abverlangten unbezahlten Arbeitseinsatzes (öffentlich-rechtlicher Entschädigungsanspruch) bis zur Entschädigung wegen »Aufopferung für das gemeine Wohl«, wobei die Kennzeichnung des Einsatzes in der Rüstungsindustrie als »gemeines Wohl« zynisch ist. Neben dem deutschen Staat haften aber auch die deutschen Unternehmer, die Zwangsarbeiter beschäftigt hatten. Es können Lohnansprüche geltend gemacht werden, die sich entweder auf ein »faktisches Arbeitsverhältnis« stützen lassen oder auf ungerechtfertigte Bereicherung, § 812 BGB. Zweck des Einsatzes von Zwangsarbeitern war es, billige Arbeitskräfte für die Unternehmen bereitzustellen. Die Unternehmen haben sich daher »in sonstiger Weise« ungerechtfertigt bereichert. Da die Unternehmer in der Regel wussten, dass der Zwangsarbeitereinsatz rechtswidrig und der gezahlte Lohn zu gering war, können sie sich nicht darauf berufen, die Bereicherung sei durch Kriegseinwirkung später wieder entfallen. Die Freiheitsberaubung und die Gesundheitsschäden begründen Schadensersatzansprüche gegen die Firmen nach § 823 BGB. Da die Deportation und der Einsatz als Sklavenarbeiter auch als Menschheitsverbrechen qualifiziert worden sind, kann man darin unverjährbare Ansprüche der Opfer sehen. Bei einer Bundestags-Anhörung über Zwangsarbeiterentschädigung warf die Juristin Dietmut Majer die Frage auf, ob hier nicht ein neuer Tatbestand gegeben sei, für den das herkömmliche Völkerrecht bislang keine angemessene »Verarbeitung« gefunden habe, denn die Zwangsarbeit, durch die dem Deutschen Reich und seiner Wirtschaft Milliardenwerte zugeführt worden seien, sei nach Art und

Umfang der Durchführung sowie Schadensumfang etwas vollkommen Neues.[7]

Auf den ersten Blick kann man sich kaum eine juristisch bessere Position vorstellen, als sie die ausländischen Zwangsarbeiter nach 1945 besaßen. Tatsächlich aber gehören die Zwangsarbeiter zu den großen Verlierern der Reparations- und Entschädigungsregelungen beziehungsweise des »Integrationsfriedens« mit Deutschland, wie einer neuer Terminus lautet.

In der wissenschaftlichen Beschäftigung mit dem NS-System und seinen Folgen kamen die Zwangsarbeiter lange Zeit praktisch nicht vor und das Problem der Wiedergutmachung galt als erledigt. Ulrich Herbert hat in seiner 1985 erschienenen Dissertation »Fremdarbeiter. Politik und Praxis des ›Ausländer-Einsatzes‹ in der Kriegswirtschaft des Dritten Reiches« erstmals den Umfang und die Bedeutung des Zwangsarbeitereinsatzes dargestellt.[8] Diese Pionierarbeit endet abrupt mit der Befreiung der westfälischen Kleinstadt Warstein am 7. April 1945. Nur als Ausblick sind ein paar Seiten dem Nachkriegsschicksal »Vom Fremdarbeiter zum ›DP‹ – ein Ausblick« gewidmet, um dann etwas unvermittelt mit der resignierenden Feststellung zu enden, dass die ehemaligen Zwangsarbeiter keinen Anspruch auf »Wiedergutmachung« hätten und ihre Anträge von den Gerichten der Bundesrepublik stets zurückgewiesen worden seien. Von 1974 bis 1987 erschien ein sechsbändiges vom Bundesfinanzministerium herausgegebenes

---

[7] Entschädigung für NS-Zwangsarbeit. Öffentliche Anhörung des Innenausschusses des Deutschen Bundestages am 14. 12. 89, in: Zur Sache – Themen parlamentarischer Beratung Heft 6/1990, S. 51 ff.

[8] Herbert, Ulrich: Fremdarbeiter. Politik und Praxis des »Ausländer-Einsatzes« in der Kriegswirtschaft des Dritten Reiches, Berlin und Bonn 1985

Werk »Die Wiedergutmachung nationalsozialistischen Unrechts durch die Bundesrepublik Deutschland«.[9] Entgegen den Ankündigungen in den Geleitworten von Willy Brandt und Helmut Schmidt wird hier kein »wirklichkeitsbezogenes Werk ehrlichen Bemühens« von Autoren verschiedener Richtungen geliefert, sondern eine materialreiche Wiedergutmachungsgeschichte aus der Sicht des Finanzministeriums, das seine vornehmste Aufgabe in der Eindämmung von Entschädigungsforderungen gesehen hat. Daher fehlt jegliches Wort des Zweifels daran, ob die Regelungen, die zum Ausschluss der Zwangsarbeiter von Entschädigungsleistungen geführt haben, angemessen und rechtens waren. Die erste Attacke gegen die schönfärberische Richtung dieser monumentalen Ministerialdarstellung kam von Christian Pross mit seiner Arbeit über die Entschädigungspraxis: »Wiedergutmachung. Der Kleinkrieg gegen die Opfer«.[10] Die erste kritische Geschichte der Wiedergutmachung lieferte Constantin Goschler in seiner 1992 erschienenen geschichtswissenschaftlichen Dissertation »Wiedergutmachung. Westdeutschland und die Verfolgten des Nationalsozialismus (1945-1954)«.[11] Goschler kommt das Verdienst zu, aus den auch in ausländischen Archiven zugänglichen Akten über die Verhandlungen zwischen der Bundesrepublik und den Westmächten ein kritisches Bild der restriktiven Entschädigungspolitik Bonns gezeichnet zu haben. Als

[9] Die Wiedergutmachung nationalsozialistischen Unrechts durch die Bundesrepublik Deutschland. Hrsg. v. Bundesminister der Finanzen in Zusammenarbeit mit Walter Schwarz, Bd. I-VI, München 1974-1987
[10] Pross, Christian: Wiedergutmachung. Der Kleinkrieg gegen die Opfer, Frankfurt a. M. 1988
[11] Goschler, Constantin: Wiedergutmachung. Westdeutschland und die Verfolgten des Nationalsozialismus 1945-1954, München 1992

ein Hauptmotiv auf staatlicher Seite arbeitet er die Tendenz zur Hierarchisierung von Verfolgtengruppen und zur Begrenzung der Zahlungen heraus. Goschler schildert auch als erster Autor die Doppelrolle der USA bei den Verhandlungen über die Ablösung des Besatzungsstatuts. Einerseits drängten sie auf ein Bundesentschädigungsgesetz, das nicht hinter dem Gesetz zurückbleiben sollte, das sie 1949 in ihrer Besatzungszone durchgesetzt hatten. Zugleich zeigten sich die USA aber auch bemüht, die Forderungen der anderen westeuropäischen Staaten einzuschränken, damit Bonn die vorgesehene Wiederaufrüstung finanzieren könne. Goschler ist auch Mitherausgeber eines Tagungsbandes des Instituts für Zeitgeschichte, in dem Ulrich Herbert den in seiner Dissertation noch fehlendenden Abschnitt über die abgewiesenen Wiedergutmachungsansprüche von Ausländern »nachliefert«.[12]

Von dem hessischen Sozialrichter Cornelius Pawlita stammt die juristische Dissertation »›Wiedergutmachung‹ als Rechtsfrage? Die politische und juristische Auseinandersetzung um die Entschädigung nationalsozialistischer Verfolgung (1945-1990)«.[13] Der Stuttgarter Historiker Mark Spoerer legte jetzt eine konzentrierte Darstellung der Zwangsarbeit im NS-Staat vor, worin er auch kurz auf die Entschädigung durch die vom Bundestag beschlossene Stiftung eingeht.[14]

---

[12] Wiedergutmachung in der Bundesrepublik Deutschland, hrsg. v. Ludolf Herbst und Constantin Goschler, München 1989

[13] Pawlita, Cornelius: »Wiedergutmachung« als Rechtsfrage? Die politische und juristische Auseinandersetzung um Entschädigung für die Opfer nationalsozialistischer Verfolgung (1945 bis 1990), Frankfurt a. M. 1993

[14] Spoerer, Mark: Zwangsarbeit unter dem Hakenkreuz, Stuttgart und München 2001

Es gibt außerdem verschiedene Untersuchungen zur »Vergangenheitspolitik«, also zum Umgang mit der NS-Vergangenheit in der Bundesrepublik. Aber kaum einer hat zusammenhängend untersucht, wie die Bundesrepublik durch die Nachkriegsverhältnisse, insbesondere den Kalten Krieg, begünstigt wurde und wie sie es geschafft hat, die Entschädigungsforderungen der Zwangsarbeiter zurückzuweisen. Erst nach der Erhebung von Sammelklagen in den USA und der zu ihrer Abwehr geschaffenen Stiftungsregelung vom Jahr 2000 ist die Abweisung teilweise überwunden worden. Auch hier bestätigt sich die Regel, dass die Bundesrepublik von Anfang an nur durch massiven Druck von außen zu Wiedergutmachungsleistungen bereit war.

Eine Aufgabe dieser Darstellung ist es, die Kontinuität der Entschädigungsverweigerung gegen Zwangsarbeiter nachzuweisen und den Ideologie-Charakter der Rechtsinstrumente, die gegen die Forderungen der Zwangsarbeiter aus dem Ausland eingesetzt wurden, aufzuzeigen, als ein System von juristischen und pseudojuristischen Einwänden oder Schutzwällen, die man nicht als antifaschistisch bezeichnen kann. Deren Ideologie-Charakter zeigt sich, wenn man die Frage nach dem materiellen Interesse der Bundesrepublik an einer bestimmten Formulierung des Verfolgtenbegriffs, des subjektiv-personalen Territorialitätsprinzips oder der Unterscheidung von allgemeinen Kriegsfolgen und spezifischem NS-Verfolgungsunrecht untersucht. Auch die westlichen Verbündeten haben die juristischen Tricks der Bundesrepublik nicht unwidersprochen hingenommen.

Gleichsam nach dem Trichterprinzip gilt es, die Entwicklung von den allgemeineren Tendenzen der Wiedergutmachungspolitik, die sich zum Nachteil der Zwangsarbeiter auswirkten, bis zu den besonderen Bestimmungen, die sich gezielt gegen Zwangsarbeiter richteten, nachzuzeichnen. Die später im Bundestag vielbeschworene Wiedergutmachungstradition seit den Tagen von Kanzler Konrad Adenauer zeigt auch eine durchgehende Kontinuität der Verweigerung von den nachfolgenden Kanzlern Ludwig Erhard bis Gerhard Schröder.

Das Schwergewicht dieses Beitrags liegt auf den frühen 50er Jahren, da zwischen 1950 und 1953 die entscheidenden Weichenstellungen durch Verträge und Gesetze vollzogen worden sind. Die bundesdeutsche Verweigerungspolitik der 50er Jahre lässt sich nur vor dem Hintergrund der alliierten Regelungen der ersten Nachkriegszeit schildern. Ein elementarer nichtjuristischer Faktor, der besonders zu gewichten ist, war die Entscheidung der Westmächte, die Bundesrepublik wieder aufzurüsten. Auf dieser Basis wurden die folgenden juristischen Schutzwälle in Form von Verträgen und Gesetzen gegen die Forderungen der Zwangsarbeiter errichtet.

Der Stuttgarter Rechtsanwalt Otto Küster hat in einem berühmten Vortrag vom Juni 1953 die Wiedergutmachung an jeden einzelnen überlebenden NS-Verfolgten als die elementare Rechtsaufgabe der Deutschen bezeichnet.[15] Küster beanstandete, dass die Bundesrepublik nach dem Bundesentschädigungsgesetz von 1953 in den ersten zehn Jahren nur so viel Geld für Wiedergutmachung ausgeben wolle, wie sie innerhalb von acht Monaten für die Verteidigungsausgaben eingeplant habe. Er erhob die Forderung, die Wiedergutmachung müsse Vorrang vor dem Lastenausgleich und der Versorgung der Kriegsopfer haben. Beim Ausgleich

---

[15] Küster, Otto: Wiedergutmachung als elementare Rechtsaufgabe. Vortrag in Frankfurt v. 9. 6. 1953, Frankfurt a. M. 1953

zwischen denen, die ihr Eigentum über den Krieg gerettet, und denen, die es verloren hätten (Lastenausgleich) und bei der Zahlung von Renten an Kriegsverletzte und Kriegerwitwen (Bundesversorgungsgesetz) handele es sich um Aufwendungen für Kriegsschicksal. Bei der Wiedergutmachung gehe es um den Schadensersatz für Staatsunrecht. Der SPD-Abgeordnete Martin Hirsch wandte sich auch dagegen, beschönigend davon zu sprechen, die Verfolgten im Ausland, seien »im Zuge der Kriegsereignisse« nach der deutschen Besetzung »in einen unheilvollen Strudel der Verfolgung« hineingerissen worden.[16] Die Juristen Adolf Arndt, Carlo Schmid, Fritz Bauer, Otto Küster, Franz Böhm und Heinz Düx befanden sich mit ihrer Forderung nach einem Vorrang der Wiedergutmachung vor anderen Staatsaufgaben in der Lage von Predigern in der Wüste.

Das zeigen auch die ab 1986 erschienenen drei Bände mit Protokollen der Sitzungen des CDU-Vorstands zwischen 1949 und 1961. Das Thema Wiedergutmachung wird darin nur kurz von Bundeskanzler Adenauer angesprochen: Die Bundesrepublik habe zwar keine rechtliche Verpflichtung gegenüber Israel, aber wegen der Nazi-Gräuel sei eine Zahlung an Israel als Geste notwendig, die »große politische Wirkungen haben wird, vor allem in den USA und auf wirtschaftlichem Gebiet«.[17]

Die deutsche Rechtslehre und Rechtsprechung hatten es in der Zeit nach dem Versailler Vertrag als ihre Aufgabe angesehen, diesen Vertrag zu bekämpfen. Man war »national« gewesen, das hieß feindlich gegenüber Reparationen und den

---

[16] Deutscher Bundestag, Sten. Berichte, 4/S. 9470, 9476
[17] Adenauer: »Es mußte alles neu gemacht werden.« Die Protokolle des CDU-Bundesvorstandes 1950-1953, bearb. v. Günter Buchstab, Stuttgart 1986, S. 140 f.

festgeschriebenen Grenzen, auf deren Wiederherstellung die Bundesregierung nach 1945 hoffte (»Deutschland in den Grenzen von 1937«). Man hatte gemeint, auf das abstrakte Wohl eines idealisierten deutschen Staates verpflichtet zu sein. In dieser Tradition standen seit den 50er Jahren Rechtslehrer und Gerichte bei der Abwehr der Zwangsarbeiterforderungen (ausgenommen das Landgericht Frankfurt im Fall Wollheim 1953). Es ist daher auch kein Zufall, dass der »Einbruch« in die juristische Abwehrfront durch Sammelklagen in den USA erfolgt ist. Die Rechtstradition und das Rechtssystem der USA geben im Zweifel dem Schutz von Gesundheit, Freiheit und Eigentum von Einzelnen den Vorrang gegenüber Finanzinteressen von Firmen.

Der Berliner Professor Albrecht Randelzhofer hat mit seinem Gutachten »Entschädigung für Zwangsarbeit? Zum Problem individueller Entschädigungsansprüche von ausländischen Zwangsarbeitern während des Zweiten Weltkrieges gegen die Bundesrepublik Deutschland« in prototypischer Weise völkerrechtliche Argumente und Scheinargumente gegen die Ansprüche der Zwangsarbeiter zusammengetragen.[18] Ein aufklärerischer Zeitgenosse von Charles de Montesquieu brachte den Inhalt von dessen Hauptwerk »L'esprit des lois« auf die kurze Formel »L' esprit des lois, c'est la proprieté«. Entsprechend lässt sich die Botschaft dieser Art von völkerrechtlicher Rechtsbetrachtung auf die Formel bringen: Rechtssicherheit für den deutschen Staat und die deutschen Unternehmen vor Entschädigungsforderungen von ausländischen Zwangsarbeitern.

[18] Randelzhofer, Albrecht unter Mitarbeit von Oliver Dörr: Entschädigung für Zwangsarbeit? (Studien und Gutachten aus dem Institut für Staatslehre der Freien Universität Berlin 15), Berlin 1994

1.

Von Jalta 1945 nach London 1947:
Das Ende der großen Debatte über deutsche
Reparationen

»Es ist unser unbeugsamer Wille, den deutschen Militaris-
mus und Nazismus zu vernichten und sicherzustellen, dass
Deutschland nie wieder im Stande sein wird, den Weltfrie-
den zu stören«, heißt es in der von US-Präsident Roosevelts
Pressesekretär Stephen Early formulierten Jalta-Erklärung
vom 5. Februar 1945 der Großen Drei, Roosevelt, Stalin und
Churchill, die auch als Flugblatt über Deutschland abgewor-
fen wurde, »es ist nicht unsere Absicht, das deutsche Volk zu
vernichten, aber nur dann, wenn der Nazismus und Milita-
rismus ausgerottet sind, wird für die Deutschen Hoffnung
auf ein würdiges Leben und einen Platz in der Völkergemeinschaft bestehen.« Zum Thema Reparationen heißt es in der
Erklärung weiter: »Wir haben die Frage des Schadens, den
Deutschland in diesem Krieg den Vereinten Nationen zugefügt hat, erörtert und für Recht befunden, dass Deutschland
verpflichtet wird, in gleicher Form und in größtmöglichem
Umfange Ersatz für den verursachten Schaden zu leisten.«[1]

Als sich die Großen Drei, beziehungsweise ihre Nachfolger, zur Folgekonferenz im Juli 1945 in Potsdam trafen, hatte
sich die Lage wesentlich verändert. Deutschland hatte kapi-
tuliert und die Sowjetunion hatte die deutschen Ostgebiete

---

[1] Foreign Relations of the United States. The Conferences at Malta and Yalta,
Washington 1955, S. 968 ff.

an Polen übergeben. Zwar hatte man sich in Teheran und Jalta bereits über die Westverschiebung Polens im Prinzip geeinigt, doch ging den Westmächten die Festlegung der Oder-Neiße-Linie zu weit. Sie befürchteten, durch die Vertriebenen aus dem Osten zu sehr belastet zu werden, die erforderlichen Lebensmitteleinfuhren für deren Unterhalt bezahlen und schließlich für einen Teil der deutschen Reparationsleistungen an die Sowjetunion aufkommen zu müssen. Die US-Delegation setzte den Grundsatz des Vorrangs der Bezahlung von Einfuhren vor der Leistung von Reparationen durch (»Imports first«). Vereinbart wurde auch eine Art Wertersatz für die »zu große« Gebietsübertragung an Polen. Das Restdeutschland der Vier Mächte sollte in zwei Reparationshälften aufgeteilt werden, die Westmächte sollten ihre Reparationsforderungen durch Demontagen den Westzonen entnehmen (Westmasse), die Sowjetunion aus der Ostzone (Ostmasse). Polen sollte keinen eigenen Reparationsanspruch besitzen, sondern aus der Ostmasse bedient werden. Dazu war in Jalta vereinbart worden, dass 50 Prozent der auf 20 Milliarden Dollar nach dem Wert von 1938 veranschlagten Reparationssumme an die Sowjetunion gehen sollten. Für Reparationszwecke sollten Demontagen von Industrieanlagen, Lieferungen aus der laufenden Produktion und das deutsche Auslandsvermögen verwandt werden. Das genaue Aufkommen, die Anspruchsberechtigung und die Verteilung sollte ein Reparationsplan festlegen.[2] Tatsächlich ist es nie dazu gekommen. Im Osten musste Polen sogar noch Wertersatz leisten, da die deutschen Ostgebiete mehr wert waren als die an die Sowjetunion abgetretenen

---

[2] Foreign Relations of the United States. The Conference of Berlin (The Potsdam Conference), Washington 1960, Vol. II, S. 1478 ff.

polnischen Gebiete jenseits der Curzon-Linie. Für die sowjetischen Zwangsarbeiter bedeutete die Aufspaltung in Reparationsmassen und das Ausbleiben eines detaillierten Plans, in dem die Forderungen der Anspruchsberechtigten und die Erfüllung durch Deutschland festgelegt wurden, dass ihre Entschädigungsansprüche nicht einmal in eine Forderungsliste aufgenommen wurden. Im Westen tagte 1945 eine Reparationskonferenz, die das deutsche Auslandsvermögen und die im Westen zu demontierenden Industrieanlagen aufteilen sollte. Zu einer Ausdifferenzierung der Ansprüche in Kriegsschäden und NS-Verfolgungsschäden kam es dort nicht, vielmehr wurden die beiden Forderungsarten nach dem Bündelungsprinzip zusammengefasst und dann Länderquoten gebildet. Polen wurde zu der Konferenz nicht zugelassen, weil seine Ansprüche aus Demontagen aus der Ostmasse bedient werden sollten. Von der Jewish Agency in Palästina, einer Vorform der Regierung von Israel, wurden Forderungen auf Rückerstattung des enteigneten Vermögens, Herausgabe des erbenlosen Besitzes von Juden, Entschädigung für die Verfolgung einzelner und ein kollektiver Anspruch auf Entschädigung für den »Krieg gegen das jüdische Volk« formuliert. Auf diese Forderung wurde im Pariser Reparationsabkommen vom 21. Dezember 1945[3] nur insoweit eingegangen, dass ein Fonds von 25 Millionen Dollar für die Ansiedlung von Juden, die nicht in ihre Heimatländer zurückkehren konnten oder wollten, eingerichtet wurde, der weitergehende Anspruch auf Reparationen wurde abgelehnt, weil es den Staat Israel bis dahin nicht gab.

[3] Auszug aus dem Pariser Reparationsabkommen vom 21. Dezember 1945, in: Dam, Hendrik George van: Bundes-Entschädigungsgesetz, Düsseldorf 1953, Teil II, S. 28 f.

Im Januar 1947 tagte in London eine Vorkonferenz der Stellvertreter der vier Außenminister, um die Forderungen der Kriegsgegner Deutschlands für eine Friedensregelung entgegenzunehmen. Hier verlangte Polen die Festschreibung der Oder-Neiße-Grenze in einem Friedensvertrag und stellte die Forderung auf, dass neben allgemeinen Reparationen auch individuelle Entschädigungsleistungen für 2,4 Millionen polnischer Zwangsarbeiter von Deutschland erbracht werden müssten. Inzwischen warf der noch nicht erklärte Kalte Krieg in Europa seine Schatten voraus. Die USA hatten das Interesse an einer gemeinsamen Reparationsregelung verloren, daher war dieser »Gläubigeraufruf« folgenlos. In Erinnerung blieb den Zeitgenossen von dieser Konferenz meist nur die griechische Forderung, Deutschland müsse verpflichtet werden, in den nächsten 20 Jahren ein Drittel seines Tabakbedarfs in Griechenland zu kaufen.

Die Bilanz für Millionen von Zwangsarbeitern zwei Jahre nach Kriegsende sah wenig verheißungsvoll aus. Die Reparationsverhandlungen waren über die quotenmäßige Aufteilung »gebündelter Reparationsforderungen« der Staaten zur Verteilung des beschlagnahmten deutschen Auslandsvermögens und zu demontierender Industrieanlagen nicht hinausgekommen. Es blieb den einzelnen Ländern überlassen, ob sie oder wie sie ihre Zwangsarbeiter beziehungsweise KZ-Überlebende entschädigten, unabhängig von dem, was Deutschland leisten würde.

2.

1949: Ländergesetze ohne Entschädigung für Zwangsarbeiter

Für die überlebenden Opfer der NS-Verfolgung wurden unmittelbar nach der Befreiung in allen Zonen Sofortmaßnahmen eingeleitet, die ärztliche Betreuung zur Wiederherstellung ihrer Gesundheit, bessere Ernährung, Versorgung mit Wohnraum und angemessene Beschäftigung vorsahen. Der oberste Gesetzgeber im Vier-Zonen-Deutschland war der Alliierte Kontrollrat in Berlin. Dort wurde über die Frage einer gesetzlichen Regelung der Wiedergutmachung seit 1946 beraten. Zu den ersten Erkenntnissen gehörte die Einsicht, dass eine allgemeine über einfache Unterstützungsmaßnahmen hinausgehende Wiedergutmachungsregelung Geld kosten würde. Die ausreichende Ernährung der deutschen Bevölkerung in der britischen und amerikanischen Zone hing von der Finanzierung der Lebensmittelimporte durch die Besatzungsmächte ab. Statt Geld aus ihren Zonen herauszuziehen, mussten die Sieger noch für die Betriebskosten zuzahlen. Also strebten sie zunächst ein Wiedergutmachungsgesetz an, das möglichst wenig kostete. Die Debatte im Kontrollrat geriet ins Stocken, als es um die Frage ging, was mit dem Vermögen zu geschehen habe, das von den Nazis rechtswidrig enteignet (»arisiert«) worden war, für das es aber keine Rechtsinhaber oder Rechtsnachfolger gab. Die jüdischen Verfolgtenorganisationen, die über Zweigstellen in der britischen und der amerikanischen Zone verfügten, verlangten die Übertragung zu ihren Gunsten. Das war auch die Position der US-Vertreter. Der sowjetische Delegierte argumentierte, dieses Vermögen solle von den deutschen Ländern im Interesse aller Verfolgten genutzt werden. Die französische Delegation verlangte ebenfalls die Verwendung der erbenlosen Vermögen im Inland. Frankreich war das einzige Land, das als ehemaliges deutsches Besatzungsgebiet ähnliche Fragen der Wiedergutmachung von NS-Verfolgung zu regeln hatte. Die englische Haltung näherte sich der französischen an, man befürchtete, die jüdischen Nachfolgeorganisationen könnten das erbenlose Vermögen zur Finanzierung eines jüdischen Aufstands in Palästina einsetzen, statt für die NS-Opfer in der britischen Besatzungszone.[1]

Die Debatte im Kontrollrat über ein Rückgabegesetz hatte etwas Irreales, denn für die Sowjetunion stellte die Rückgabe enteigneten Privateigentums keinen selbstständigen Wert dar. Sie hoffte immer noch auf Reparationen durch Demontagen und Lieferungen aus der laufenden Produktion aus den Westzonen. Außerdem wollte sich die sowjetische Besatzungsmacht bei den geplanten Verstaatlichungen in der Ostzone keine Fesseln durch Sondervorschriften für »jüdisches Vermögen« anlegen. Der Kontrollrat einigte sich schließlich auf eine kleine Lösung, die Direktive Nr. 50 vom 29. April 1947 über die Rückgabe von Vermögen an demokratische Parteien, Gewerkschaften und Genossenschaften. Im Übrigen wurde das Gesetzesvorhaben ad acta gelegt.

Nach dem Scheitern einer Vier-Mächte-Regelung erließ die US-Militärregierung am 10. November 1947 das Gesetz Nr. 59 »Rückerstattung feststellbarer Vermögensgegenstände«. In § 1 Abs. 1 wurde die Grundsatzentscheidung getrof-

[1] Goschler, Wiedergutmachung, S. 119

fen, dass feststellbare Vermögensgegenstände, die zwischen 1933 und 1945 »aus Gründen der Rasse, Religion, Nationalität, Weltanschauung oder politischer Gegnerschaft gegen den Nationalsozialismus« entzogen worden waren, in größtmöglichem Umfang rückzuerstatten sind. »Entziehung« war der Fachausdruck für die rechtswidrige Enteignung der Juden (»Arisierung«) in Deutschland, aber auch für die Beutezüge der Nazis im besetzten Europa. Schon in der Alliierten Erklärung von London hatten 18 Staaten am 5. Januar 1943 allen Nutznießern der rechtswidrigen Enteignungen, selbst wenn sie in scheinlegaler Form umgesetzt worden seien, angekündigt, sie hätten das Raubgut nach dem Krieg wieder herauszugeben. Als Entziehung wurde die Übertragung durch ein gegen die guten Sitten verstoßendes Rechtsgeschäft, widerrechtliche Wegnahme oder sonstige unerlaubte Handlung sowie die Enteignung durch Staatsakt oder Wegnahme durch die NSDAP beziehungsweise ihre Gliederungen definiert, bei Rechtsgeschäften mit NS-Verfolgten wurde zu Gunsten der Berechtigten vermutet, dass sein Vermögen »entzogen« worden war. Von den »Arisierern« wurde beanstandet, dass die Rückgabe in vielen Fällen »zu weit« gehe und auch gutgläubige Erwerber betroffen seien. Linke Kritiker wiesen darauf hin, dass dieses Gesetz auch ein Stück Klassenkampf in der Entschädigungspolitik darstelle, weil dem gehobenen Mittelstand volle Wiedergutmachung für das entzogene Eigentum zugesprochen werde, die einfachen Opfer der NS-Verfolgung insbesondere die KZ-Opfer auf den zweiten Rang verwiesen seien. Hier zeige sich, dass im amerikanischen Rechtssystem dem Schutz des Privateigentums eine unverhältnismäßig große Rolle zukomme. Auch in den späteren Verhandlungen zwischen der Bundesrepublik und den drei

Westmächten spielte die Frage der Rückerstattung eine unverhältnismäßig große Rolle. Im Überleitungsvertrag, einem Annexvertrag zum Deutschlandvertrag von 1952, sind die Mindestbedingungen für deutsche Gesetze über Entschädigung und Rückerstattung festgelegt. Darin ist nur ein Abschnitt mit einem Artikel über Entschädigung für NS-Verfolgung, aber vier Abschnitte mit 31 Artikeln über Rückerstattung enthalten. Das Bundesrückerstattungsgesetz von 1957 regelt den Geldersatz für »entzogene«, aber nicht mehr vorhandene Vermögensgegenstände. Auch das Londoner Schuldenabkommen von 1953 bevorzugte private Geldanleger, deren Forderungen zur Hälfte erfüllt wurden, gegenüber Verfolgten, die auf unbestimmte Reparationsleistungen in einem künftigen Friedensvertrag verwiesen wurden.[2]

In der britischen Zone erging 1947 zur Rückerstattung ein fast gleichlautendes Gesetz Nr. 59 wie das US-Zonen-Gesetz Nr. 59.[3] Die französische Rückerstattungsverordnung Nr. 120 orientierte sich an dem entsprechenden innerfranzösischen Rückerstattungsgesetz.

Sehr viel schwieriger ließen sich die Verhandlungen zwischen den Westmächten über ein Entschädigungsgesetz für die NS-Verfolgten an.

Bei den Verhandlungen im Länderrat der US-Zone wurde 1948 die Vorlage für die zukünftige bundesdeutsche Entschädigungsregelung erarbeitet. Es sollte sich um ein Gesetz zur beschränkten Entschädigung der Verfolgten handeln, nicht zum vollen Schadensersatz, zu dem auch ein

---

[2] Fisch, Jörg: Reparationen nach dem Zweiten Weltkrieg, München 1992, S. 122 ff.

[3] Dam, Hendrik George van: Rückerstattungs-Gesetz (Gesetz Nr. 59) für die Britische Zone, Koblenz 1949

Schmerzensgeld gehört hätte. Es sollte keine Prämie für aktive Widerstandskämpfer werden, denn die am meisten betroffenen Juden seien passive Opfer gewesen, die versucht hätten, unter den gegebenen Verhältnissen zu überleben. Ausgeschlossen werden sollten aber sogenannte Asoziale und Kriminelle. Entschädigung war vorgesehen für Schäden an Leben, Körper, Gesundheit, Freiheit sowie Eigentum und Vermögen.

Aus dem privatrechtlichen Schadensersatzanspruch gegen Unternehmen und einem Amtshaftungsanspruch gegen den Staat in nicht begrenzter Höhe war damit ein begrenzter Entschädigungsanspruch nach öffentlichem Recht geworden. Dieser neue gesetzliche Anspruch war nicht auf Schadensersatz ausgerichtet, sondern und nur auf Hilfe zum Lebensunterhalt, also eine Art gehobener Sozialhilfeanspruch.

Um den Kreis der Anspruchsberechtigten weiter einzugrenzen, wurde der Verfolgungsbegriff gegenüber dem im von der Militärregierung erlassenen Rückerstattungsgesetz Nr. 59 enthaltenen verändert. Verfolgung aus Gründen der Nationalität sollte nicht mehr entschädigungspflichtig sein. Damit wurde die Mehrzahl der Zwangsarbeiter ausgegrenzt. Durch eine Wohnsitzklausel wurden die DP's, die Displaced Persons, ebenfalls ausgeschlossen, denn ein Aufenthalt im DP-Lager galt nicht als Wohnsitz im Inland. Bei DP's handelte es sich meist um ehemalige KZ-Häftlinge oder Zwangsarbeiter, in vielen Fällen um polnische Juden, die wegen der antisemitischen Ausschreitungen nach 1945 nicht nach Polen zurückkehren wollten und meist auf eine Auswanderung nach Palästina oder in die USA hofften. Die DP's lebten in eigenen Lagern, die nicht der deutschen Verwaltung und Justiz unterstanden. Sie wurden in der Regel von internationalen Hilfsorganisationen betreut. Soweit diese die Kosten nicht übernahmen, wurden die Beträge als Besatzungskosten den deutschen Ländern auferlegt.

Im Frühjahr 1949 gaben die französische und die britische Militärregierung gegenüber den US-Besatzungsbehörden zu bedenken, ob es nicht Sache der neuen Bundesrepublik sei, ein Entschädigungsgesetz zu erlassen. Doch der neuernannte US-Hochkommissar McCloy traute der künftigen Bundesrepublik keinen großen Einsatz für ein Entschädigungsgesetz zu und setzte die Verabschiedung dieses im Länderrat der US-Zone entworfenen Gesetzes in den Landtagen der US-Zone im August 1949 durch, unmittelbar von der Konstituierung der Bundesrepublik.[4]

Von den Ländern der britischen Zone wurde das Gesetz nicht übernommen, vielmehr erließ die Mehrzahl der Länder eigene Entschädigungsgesetze, die in der Regel nur für KZ-Häftlinge eine monatliche Entschädigung von 150 D-Mark vorsahen. Die Gesetze sorgten durch Stichtag- und Wohnsitzklauseln dafür, dass nur »Landeskinder« anspruchberechtigt waren. Als Vorlage diente das Gesetz über die Entschädigung wegen unschuldig verbüßter Untersuchungshaft. Das Hamburger Entschädigungsgesetz schloss wie die meisten anderen Entschädigungsgesetze der Länder der britischen Zone Ansprüche wegen der während der Haftzeit geleisteten Dienste ausdrücklich aus. Zur Rechtfertigung dieser eingeschränkten Entschädigungspolitik wurde angeführt, dass die Länder schließlich nicht für die NS-Verfolgung verantwortlich seien und nur als »Abwesenheitspfleger« für den noch nicht wieder errichteten deutschen Gesamtstaat handelten.

[4] Goschler, Wiedergutmachung, S. 146

Damit lautete die Botschaft für die Zwangsarbeiter in Westdeutschland 1949: Die Entschädigungsgesetze der Länder sehen ein Zahlungen für Zwangsarbeit nicht vor.

3.

»Adenauer siegte bei Stalingrad«: Wiederbewaffnung geht vor Wiedergutmachung

»Es gibt keinen anderen Weg für das deutsche Volk, wieder zu Freiheit und Gleichberechtigung zu kommen, als indem es dafür sorgt, dass wir nach dem völligen Zusammenbruch, den der Nationalsozialismus uns beschert hat, mit den Alliierten wieder den Weg in die Höhe gehen«, so lautete einer der Kernsätze zur Außenpolitik in der ersten Regierungserklärung des neugewählten Bundeskanzlers Konrad Adenauer am 20. September 1949.[1]

In seiner Erwiderung auf die Regierungserklärung geißelte der SPD-Oppositionsführer Kurt Schumacher, dass der Kanzler die Kräfte des deutschen Widerstandes und die deutschen Opfer des Faschismus mit keinem Wort erwähnt habe: »Die deutschen Kräfte des Widerstandes und die deutschen Opfer des Faschismus gehören doch zu den wenigen außenpolitischen Aktiven des deutschen Volkes und der deutschen Außenpolitik«.[2]

In der Regierungserklärung Adenauers fehlten auch Aussagen zu zwei zentralen Themen der Gründerjahre der Bundesrepublik, zur Wiedergutmachung und zur Wiederbe-

---

[1] Deutscher Bundestag, Sten. Ber. 1, S. 22 ff.; Adenauer, Konrad: Reden 1917-1967. Eine Auswahl, hrsg. v. Hans-Peter Schwarz, Stuttgart 1975, S. 153 ff., 167

[2] Deutscher Bundestag, Sten. Berichte, 1/S. 36; Schumacher, Kurt: Reden – Schriften – Korrespondenzen 1945-1952, hrsg. v. Willy Albrecht, Berlin u. Bonn 1985, S. 688 ff.

waffnung. Die Auslassungen des Kanzlers hatten einen einfachen Grund: Adenauer wusste nicht, wie sich die Alliierten festlegen würden, und die waren sich darüber auch noch nicht einig. In den Vereinigten Staaten gab es 1949 in der Presse eine große Debatte über die Frage, ob man von den Deutschen umfassende Wiedergutmachungsleistungen an die Verfolgten des NS-Regimes, vor allem die überlebenden Juden, oder eine Wiederaufrüstung verlangen solle. Beides gleichzeitig hätte nach Ansicht der Truman-Administration, die sich zunächst beide Optionen offen halten wollte, die westdeutsche Wirtschaft überfordert.

Adenauers Priorität war seit 1948 klar, er setzte auf Wiederbewaffnung. Ein Staat ohne eigene Wehrmacht sei schlimmstenfalls Schlachtfeld und bestenfalls Protektorat fremder Mächte, belehrte Adenauer den CDU-Vorstand. An anderer Stelle hatte er auf die Frage, warum die Bundesrepublik eine neue Wehrmacht haben solle, die Antwort parat: »Ich brauche sie, um Einfluss im Westen zu bekommen.«[3]

Die Überlegungen im Umfeld des Kanzlers gingen von einer Mobilisierungsarmee in der Stärke von 10 bis 12 Divisionen aus, d.h. 500 000 Soldaten, die man in 100 Tagen nach dem Aufstellungsbefehl »aus dem Boden stampfen« wollte. Am 3. Dezember 1949 startete Adenauer einen Versuchsballon in diese Richtung. In einem Interview mit der US-Provinzzeitung »Cleveland Plain Dealer«, von der es hieß, Präsident Harry S. Truman lese sie, deutete er die Bereitschaft Bonns an, deutsche Truppen für eine Streitmacht

[3] So Rainer Barzel in einem Diskussionsbeitrag in: Hübsch, Reinhard: Als die Mauer wuchs. Zur Deutschlandpolitik der Christdemokraten 1945-1970, Potsdam 1998, S. 105

unter europäischem Befehl zur Verfügung zu stellen. »Off the record« fügte Adenauer noch hinzu, das deutsche Volk sei das einzige, das Russland aufhalten könne. Die Alliierten müssten sich beeilen, denn bei längerem Zuwarten würden die früheren Wehrmachtssoldaten ihren Ausbildungsstand verlieren.[4]

Diese Äußerungen widersprachen der Versicherung, die der Bundeskanzler knapp zwei Wochen zuvor im ersten außenpolitischen Vertrag der Bundesrepublik, dem Petersberger Abkommen, abgegeben hatte: »Die Bundesregierung erklärt ihre feste Entschlossenheit, die Entmilitarisierung des Bundesgebietes aufrechtzuerhalten und mit allen ihr zur Verfügung stehenden Mitteln die Neubildung irgendwelcher Streitkräfte zu verhindern.«[5] Das internationale Echo auf Adenauers Truppenangebot war so negativ, dass der Bundeskanzler schnell ein Dementi herausgab.

Am 11. November 1949 nahm der Bundeskanzler erstmals öffentlich zur Frage der Wiedergutmachung an Juden Stellung. Auf einem Empfang des Zentralrats der Juden in Deutschland gab er eine Erklärung zu »jüdischen Fragen« und seiner Einstellung zu Israel ab. Anschließend wurde er vom Herausgeber der »Allgemeinen Wochenzeitung der Juden in Deutschland«, Karl Marx, interviewt.[6] »Das deutsche Volk ist entschlossen, für die in seinem Namen von einem verbrecherischen Regime gegen die Juden begangenen Ver-

---

[4] Baring, Arnulf: Außenpolitik in Adenauers Kanzlerdemokratie, München 1969, S. 73, 378

[5] Niederschrift der Abmachungen zwischen den Alliierten Hohen Kommissaren und dem Deutschen Bundeskanzler auf dem Petersberg am 22. November 1949, in: Verordnungsblatt für die Britische Zone 1949, S. 551

[6] Der deutsch-israelische Dialog. Dokumentation hrsg. v. Rolf Vogel, Teil I Politik, Bd. 1, München 1987, S. 15 f.

brech zu sühnen«, heißt es darin. Die Bundesrepublik müsse versuchen, das den Juden zugefügte Unrecht wirtschaftlich wieder gutzumachen. Angesichts der Tatsache, dass der Staat Israel die »stärkste Konzentration des jüdischen Volkes« enthalte, schlage der Bundeskanzler vor, Israel Waren im Wert von zehn Millionen D-Mark als erstes Zeichen seiner Sühne zu liefern. Diese Stellungnahme war wohl eine Reaktion auf den Bericht des deutschen Vertreters bei der Marshallplan-Verwaltung in Washington, der von dem hauchdünnen Eis gesprochen hatte, auf dem man sich dort bewege. Er hatte angeregt, dass die Bundesrepublik ihre grundsätzliche Bereitschaft bekunden solle, Wiedergutmachung zu leisten. Das werde in den USA nützlich sein. Vom Geld könne man später reden, zunächst gehe es darum, ein Zeichen zu setzen, guten Willen zu zeigen.

Für die jüdischen Verfolgtenorganisationen war der vorgeschlagene Betrag ein Hohn auf das Ausmaß der Verbrechen und der Staat Israel verlangte Reparationen, nichts anderes. Der israelische Außenminister Moshe Sharett sprach in der UN-Vollversammlung davon, dass Deutschlands »revolting record intact, her guilt unextirpated, and her heart unchanged« sei.[7]

Am 5. Mai 1950 forderte die Alliierte Hohe Kommission die Bundesregierung auf, durch ein Gesetz die gravierenden Missstände im Bereich der Entschädigung zu beheben. Insbesondere sollten die Unterschiede zwischen den Ländergesetzen ausgeglichen und die DP's mit den deutschen Verfolgten gleichgestellt werden. Doch die Bundesregierung

---

[7] Schwartz, Thomas Alan: America's Germany. John J. McCloy and the Federal Republic of Germany, Cambridge/Massachusetts u. London/England 1991, S. 176

wollte die Verantwortung für die Wiedergutmachung, die sie wohl als eine Art gehobene Fürsorge betrachtete, bei den Ländern belassen, insbesondere keine Bundesmittel zur Verfügung stellen. So ist in dem häufig als das Schicksalsbuch der Nation bezeichneten Bundeshaushaltsplan in den Jahren 1950 bis 1953 kein allgemeiner Titel für Entschädigungsleistungen enthalten.

Die Bundesregierung beschloss vielmehr am 30. Januar 1951, der Aufforderung der Alliierten nicht nachzukommen und »vorerst von einer über das Gesetz zur Regelung der Wiedergutmachung im öffentlichen Dienst hinausgehenden, die Wiedergutmachungsgesetze der Länder abändernden oder sie erübrigenden Bundesgesetzgebung abzusehen«. Gegen diesen Kabinettsbeschluss versuchte die SPD-Fraktion mit einer Bundestagsinitiative vorzugehen. Mit eindringlichen Worten forderte ihr Sprecher Carlo Schmid ein Bundesentschädigungsgesetz, das mit den unterschiedlichen Wohnsitz- und Stichtagregelungen aufräume. Angesichts des elementaren Phänomens »Konzentrationslager« seien fiskalische Rechenkunststücke fehl am Platz. Die Opfer des Nationalsozialismus müssten den ersten Rang unter den Gläubigern »unseres Vaterlandes Deutschland« einnehmen.[8] Schmid ging auch auf die umstrittene Frage der Entschädigung der Juden besonders ein und verlangte, dass der Staat Israel durch Gesetz zum Gläubiger aller herrenlosen Rückerstattungs- und Wiedergutmachungsansprüche gemacht werden müsse. Doch der SPD-Antrag wurde schlicht an den zuständigen Bundestagsausschuss verwiesen und blieb dort hängen.

---

[8] Deutscher Bundestag, Sten.Ber. 1, S. 4589 ff.; Weber, Petra: Carlo Schmid. Eine Biographie, München 1996, S. 466 f.

Was konnten die NS-Verfolgten auch vom Deutschen Bundestag erwarten? »Die Mehrheit des Bundestages bestand aus Mitläufern«, urteilte der einst auf das Ansehen seines Bundestages bedachte frühere Bundestagspräsident Eugen Gerstenmaier im Rückblick, »richtige handfeste Nazis waren nicht dabei. Hätte das Parlament nicht aus Mitläufern, sondern aus Männern des Widerstandes bestanden, dann hätten die es als Ehre und Pflicht angesehen, ein Entschädigungsgesetz zu verabschieden. Aber in der deutschen Nachkriegsgesellschaft standen die Männer des 20. Juli nie hoch im Kurs. Die wurden im Volk nie so verehrt wie die ›Fliegerasse‹ im Zweiten Weltkrieg. Die offiziellen Gedenkfeiern blieben reine Pflichtveranstaltungen. Und auch Adenauer hatte nichts mit dem Widerstand im Sinn. Ich war aber nie in der Lage, ihm das vorzuhalten.«[9]

So kam dann eine »kleine Lösung« des Wiedergutmachungsproblems erst zu Stande, als die Remilitarisierung auf der Tagesordnung stand. »Remilitarisierung« lautete 1950 der Gegenbegriff zu der von den Alliierten im Potsdamer Abkommen vorgesehenen »Entmilitarisierung«, später sprach man von »Wiederbewaffnung«, »Wehrbeitrag« oder »Anfängen westdeutscher Sicherheitspolitik«. Der Einmarsch nordkoreanischer Truppen in Südkorea am 25. Juni 1950 löste in Westeuropa und in den USA einen Schock aus. War das nicht ein Angriff der »kommunistischen Welt gegen die Freiheit«? Konnte sich der Vorgang nicht in Europa wiederholen, lag nicht die Parallele Deutschland – Korea auf der Hand? So die vorherrschende Meinung. Jedenfalls setzte sich jetzt in den westlichen Regierungen die Auffassung durch, ohne einen militärischen Beitrag West-

[9] Gespräch mit Herrn Dr. Eugen Gerstenmaier am 12. April 1985

deutschlands sei Westeuropa nicht gegen einen Angriff der Sowjetunion und ihrer Verbündeten zu verteidigen. All die westlichen Planungen und Entschlüsse der Kriegszeit und der ersten Nachkriegszeit waren davon ausgegangen, dass Europa nach 1945 etwa so aussehen werde wie nach dem Ersten Weltkrieg. Nur Deutschland hatte man entscheidend durch Entmilitarisierung, Gebietsabtretungen, Besatzung, Reparationen, Wirtschaftskontrollen, erforderlichenfalls auch Zerstückelung schwächen, es als Großmacht von der Landkarte streichen wollen. Hätten Hitlers Armeen in der Sowjetunion so gesiegt wie das Kaiserliche Heer im Ersten Weltkrieg, schrieb der Publizist Gösta von Uexküll 1964 im Rückblick auf die Adenauer-Ära, dann hätten keine »Treue zum Westen«, kein Adenauer und kein Brentano Deutschland vor einem Morgenthau-Deutschland, also einer Existenz als gehobenes Agrarland, bewahren können, »Russlands Bestand infolge seines Sieges bei Stalingrad hat Deutschland vor dem Schlimmsten bewahrt«.[10] Die Sowjetunion hatte in den Augen der Westmächte »zuviel gesiegt«, statt an der Ostgrenze Polens stand die Rote Armee 1950 an der Elbe und die Sowjetunion hatte aus Osteuropa einen Gürtel von verbündeten volksdemokratischen Staaten gebildet.

Also wurden die Westdeutschen als Gegengewicht gebraucht. Die Zeit der Besinnung, Reue und Umkehr war vorbei. Der »US-Prokonsul« in Westdeutschland, John McCloy, erwartete von den Westdeutschen einen »fighting spirit« bei der Auseinandersetzung mit dem Kommunismus.

---

[10] Uexküll, Gösta von: Adenauer siegte bei Stalingrad, in: Die Ära Adenauer, Einsichten und Ausblicke, Frankfurt a. M. 1964, S. 126 ff.

Am 27. August 1950 bot Bundeskanzler Adenauer ohne Zustimmung des Bundestages oder der Bundesregierung in einem Sicherheitsmemorandum den Westmächten die Aufstellung deutscher Truppen für die Verteidigung Westeuropas an. Auf der Nato-Außenministerkonferenz von New York im September 1950 wurde die westdeutsche Wiederbewaffnung im Prinzip gutgeheißen.

Um eine neue deutsche Wehrmacht zu verhindern, legte der französische Ministerpräsident René Pleven den Plan vor, eine supranationale Europäische Verteidigungsgemeinschaft (EVG) aus den sechs Montanunion-Staaten Frankreich, Deutschland, Italien, Niederlande, Belgien und Luxemburg zu bilden. Daraus ergab sich eine Aufspaltung der Verhandlungsmaterie in zwei Bereiche: Verhandlungen zwischen den sechs künftigen EVG-Staaten in Paris und zwischen der Bundesrepublik und den drei Westmächten in Bonn über die Ablösung des Besatzungsstatuts durch ein System vertraglicher Regelungen.

Die Frage der finanziellen Höhe des zukünftigen westdeutschen Verteidigungsbeitrags hätte eigentlich in die Zuständigkeit der EVG-Verhandlungen gehört. Den Westmächten war die Frage aber so wichtig, dass sie sie ohne Beteiligung der Bundesrepublik 1951 in London festlegten. Am 14. Dezember 1951 teilte der amtierende Vorsitzende der Alliierten Hochkommission André François-Poncet dem Bundeskanzler mit, dass sich Bonn vom Rechnungsjahr 1952/53 an auf einen Rüstungsetat von 13 Milliarden D-Mark einzustellen habe.[11] Das seien nach Nato-Kriterien zehn Prozent des Bruttosozialprodukts. Der Anteil der Rüstungskosten am Gesamtetat hätte damit über dem des

---

[11] Foreign Relations of the United States 1951, Vol. III,2, S. 1687-1690

Hitler-Reiches in der Anfangsphase der Aufrüstung in den Jahren 1936 und 1937 gelegen. Als Ausgleich für den hohen Rüstungsaufwand setzten sich vor allem die USA für eine Politik der Schonung der Bundesrepublik in den Bereichen Reparation und Restitution ein. Denn die USA wollten weder die westdeutsche Aufrüstung noch die Reparationen oder Restitutionen indirekt durch Anleihen finanzieren.

Die KPD-Abgeordneten im Bundestag sahen hinter jedem Projekt der europäischen Einigung einen versteckten Beitrag zur »amerikanischen Kriegspolitik«. Als sich die Bundesrepublik im Wahljahr 1953 das Geld für eine Rentenerhöhung durch eine Zwangsanleihe bei der Sozialversicherung besorgte, argwöhnte der KPD-Abgeordnete Heinz Renner: »Wir haben es mit Folgendem zu tun: der Finanzminister braucht Gelder, um die Wiederaufrüstung zu finanzieren.«[12] Das war in diesem Fall so nicht richtig, traf aber – was die hinhaltende Politik Finanzminister Fritz Schäffers in der Frage der Wiedergutmachung betraf – den Kern der Dinge. Öffentlich mochte niemand im Regierungslager aussprechen, dass die Rüstungskosten den Vorrang vor der Wiedergutmachung hatten. Mit Empörung zitierte der SPD-Abgeordnete Adolf Arndt, ein leidenschaftlicher Kämpfer für die Wiedergutmachung, in der Bundestagsdebatte vom 11. September 1952 aus der Pfingstausgabe des Adenauer-nahen »Rheinischen Merkur«: »Was ist nun im Weltinteresse wichtiger, die Aufrüstung oder die Wiedergutmachung? Die Westmächte sind weit mehr an der deutschen Aufrüstung interessiert; denn sie wissen, dass ohne deutsche Beteiligung keine Aussichten bestehen, den Osten in Schranken zu halten. Das Primäre ist die Auf-

[12] Deutscher Bundestag, Sten. Berichte, 1/S. 13713

rüstung.«[13] So klar war die Position der Bundesregierung nie formuliert worden: Wiederbewaffung geht vor Wiedergut-machung.

[13] Deutscher Bundestag, Sten. Ber. 1, S. 10433 ff.; Rheinischer Merkur v. 30. Mai 1952

4.

Der Überleitungsvertrag von 1952 verpflichtet Bonn
nicht zur Entschädigung von ausländischen
NS-Verfolgten und Zwangsarbeitern

Aus der politischen Grundsatzentscheidung der Westmächte, die Bundesrepublik aufzurüsten und das Besatzungsregime durch ein System vertraglicher Vereinbarungen abzulösen, ergab sich ein Regelungsbedarf für ein Bündel von
Kriegsfolgeproblemen, die an sich in einen Friedensvertrag
mit ganz Deutschland gehörten. Die Westmächte übergaben der Bundesregierung im Februar 1951 eine in sechs
Abschnitte gegliederte Liste von 39 Themen, die sie durch
Verhandlungen geregelt wissen wollten.[1] An der Spitze
standen in Abschnitt I Sicherheitsfragen, in Abschnitt II
folgten die Sicherheit und materielle Unterstützung der alliierten Streitkräfte, der mit 13 Themen umfangreichste Abschnitt III galt den Fragen zur Politik der Besatzungsmächte in Bezug auf innerdeutsche Angelegenheiten, fast ebenso
lang war der Abschnitt IV Auswärtige Angelegenheiten,
Abschnitt V betraf Berlin berührende Fragen und der letzte
Abschnitt VI sonstige allgemeine Fragen. In einer beigefügten Erläuterung wurde darauf verwiesen, dass diese Liste
nicht erschöpfend sei und ein Teil der Fragen einer Friedensregelung mit ganz Deutschland vorzubehalten sei. In
Abschnitt III der Liste ist als Punkt 13 »innere Wiedergutmachung« aufgeführt. Im Abschnitt IV sind als Punkt 8

[1] Baring, Außenpolitik, S. 396

»Reparationen« und als Punkt 9 »Wiedergutmachung im Ausland« genannt.

Für die Verhandlungen mit Bonn hatten sich die Alliierten gut vorbereitet. Zwischen Juli 1950 und Mai 1951 hatte eine Intergovernmental Study Group (ISG) der drei Westmächte in London über den gesamten Fragenkomplex beraten, zusätzlich waren Vertreter Belgiens und der Niederlande zeitweilig hinzugezogen worden.[2] Die Fragen der deutschen Vorkriegsschulden und der westdeutschen Nachkriegsschulden sollten auf einer besonderen internationalen Schuldenkonferenz in London geklärt werden. Die Regelung der deutschen Reparationen für die Kriegsschäden aus dem Zweiten Weltkrieg sollte bis zum gesamtdeutschen Friedensvertrag aufgeschoben werden.

Zum Thema »innere Wiedergutmachung« schlugen die US-Vertreter in einem besonderen Unterausschuss vor, den Deutschen aufzuerlegen, das in der US-Zone als Gesetz Nr. 59 eingeführte Rückerstattungsrecht über die Herausgabe des von den Nazis »arisierten« Vermögens beizubehalten und um staatliche Geldzahlungen als Ersatz für nicht mehr herausgebbare Vermögensgegenstände zu erweitern. Auch das Entschädigungsrecht der US-Zone, das Zahlungen an aus rassischen, religiösen oder politischen Gründen Verfolgte mit Wohnsitz in Westdeutschland vorsah, sollte auf das gesamte Bundesgebiet ausgedehnt werden. Die britischen und die französischen Experten stimmten dem im Grundsatz zu, verlangten aber zusätzlich, dass das Entschädigungsgesetz auch nichtdeutsche NS-Opfer im Ausland einschließen müsse. Anknüpfungspunkt sollte nach franzö-

---

[2] Foreign Relations of the United States 1950, Vol. IV, S. 737 ff., Foreign Relations of the United States, 1951, Vol. III,2, S. 1344 ff.

sischen Vorstellungen die Verfolgung auf dem gesamten deutschen Staatsgebiet samt den eingegliederten Gebieten sein. Paris dachte dabei in erster Linie an die Millionen französischer Zwangsarbeiter und das Schicksal der aktiven Widerstandskämpfer. London wollte die Entschädigungspflicht ebenfalls auf das gesamte besetzte Europa ausdehnen. Der niederländische Vertreter regte an, in den Vertrag mit der Bundesrepublik nach dem Vorbild des Friedensvertrags mit Japan eine allgemeine Klausel aufzunehmen, nach der Deutschland für die gesamten Kriegsschäden verantwortlich sei. Doch Washington verfolgte inzwischen eine Politik der Schonung der Bundesrepublik bei Wiedergutmachungs- und Reparationslasten. Ohne große Debatte wurde eine Bestimmung formuliert, die später in Teil 6 Artikel 1 des Überleitungsvertrages übernommen wurde: »Die Frage der Reparationen wird durch den Friedensvertrag zwischen Deutschland und seinen ehemaligen Gegnern oder vorher durch diese Frage betreffende Abkommen geregelt werden.«[3] Als erste Konsequenz wurde von den Alliierten 1951 die Forderung Israels nach Reparationen gleich mit dem Hinweis, die Frage sei erst bei einem Friedensvertrag aktuell, abgelehnt. Das zwischen Bonn und den Westmächten später nicht ausdiskutierte Problem bestand in der Abgrenzung zwischen aufgeschobenen Reparationen und zu leistenden Restitutionen für NS-Verfolgung. Um eine Gefährdung des deutschen Verteidigungsbeitrags zu vermeiden, machten sich die US-Vertreter die in der reaktionären deutschen Rechtswissenschaft übliche Unterscheidung zwischen NS-Verfolgung und allgemeinen Kriegsfolgen zu eigen, wozu die Verfolgung von nationalen Widerstands-

[3] Deutscher Bundestag, Drucksachen, 1/3500, S. 181

kämpfern und der Einsatz von Zwangsarbeitern gehörte. Diese Kriegsfolgen würden unter das Reparationsrecht fallen. Ein Teil davon sei bereits durch das Pariser Reparationsabkommen von 1945 erledigt, der Rest könne erst in einem späteren Friedensvertrag mit Gesamtdeutschland geregelt werden. Eine vollständige Übereinstimmung konnte nicht erzielt werden. Der Abschlussbericht vom 4. Mai 1951 empfahl den drei Regierungen, die Bundesrepublik zu verpflichten, das bestehende Rückerstattungsrecht weiterzuführen und das Entschädigungsrecht der US-Zone auf das gesamte Bundesgebiet auszudehnen. Die Studiengruppe hielt in ihrem Abschlussbericht als Dissens fest, dass sie keine Übereinstimmung in der Frage erzielt habe, in welchem Umfang die Bundesrepublik verpflichtet werden sollte, Entschädigung für die ausländischen Opfer der NS-Verfolgung zu leisten.[4] Als deutliches Zeichen der Ratlosigkeit wertet es der Historiker Constantin Goschler, dass sich die drei Hochkommissare von einem moralischen Appell an die Bundesrepublik eine großzügige Regelung der Wiedergutmachung für Ausländer erhofften.[5]

Im Mai 1951 begannen die Verhandlungen über die Ablösung des Besatzungsstatuts zwischen Bonn und der Alliierten Hochkommission auf dem Petersberg.[6] Die Bundesregierung hätte sich bei der Behandlung der Wiedergutmachung am liebsten mit der Begründung aus der Affäre gezogen, dass Reparationen erst bei einem zukünftigen Friedensvertrag oder auf der vorgesehenen Londoner Schuldenkonferenz zu behandeln seien und die Wiedergut-

[4] Foreign Relations of the United States 1951, Vol. III,2, S. 1508
[5] Goschler, Wiedergutmachung, S. 247; Foreign Relations of the United States 1951, Vol. III,1, S. 1205; Vol. III,2, S. 1532 f.
[6] Grewe, Wilhem G.: Rückblenden 1976-1951, Berlin 1979, S. 134 ff.

machung eine innere Angelegenheit der Bundesrepublik darstelle, ein Standpunkt, der bei den Alliierten auf kein Verständnis traf. Es gab kein deutsches Konzept und keinen Verhandlungsvorschlag für eine positive Regelung der Wiedergutmachung, außer der Devise, alle von den Alliierten erhobenen Forderungen herunterzuhandeln. Schließlich präsentierten die Alliierten im August 1951 ein umfangreiches Dokument mit ihren Vorstellungen: Beibehaltung des alliierten Rückerstattungsrechts, Übernahme der Bundeshaftung für rückerstattungsrechtliche Geldverbindlichkeiten, Erlass eines allgemeinen Bundesentschädigungsgesetzes nach dem Modell des Gesetzes der US-Zone und Berücksichtigung bisher ausgeschlossener Gruppen von NS-Opfern, insbesondere der DP's. Bundeskanzler Adenauer erklärte gegenüber den Hochkommissaren im Oktober 1951 zwar seine Bereitschaft, den gesamten Wiedergutmachungskomplex in den vorgesehenen Verträgen zu regeln, unabhängig davon, ob es sich um sogenannte innere Angelegenheiten handele. Aber zunächst, und darin zeigte sich die gegenüber dem Frühjahr 1950 veränderte Rangfolge, wolle er in Anbetracht der begrenzten deutschen Leistungsfähigkeit über die vorrangigen Fragen der deutschen Auslandsschulden und des Verteidigungsbeitrags Klarheit haben. Daraufhin brachten die Alliierten den Entwurf eines Überleitungsvertrages ein, der in den Abschnitten III und IV umfassend die Wiedergutmachung regelte. Danach sollte das bestehende Rückerstattungsrecht beibehalten und zusätzlich um Geldersatz für nicht mehr rückerstattbare Sachwerte ergänzt werden, das Entschädigungsrecht der US-Zone sollte auf die anderen Bundesländer ausgedehnt werden, bei Aufrechterhaltung von bisher günstigeren Regelungen. Die Alliierten forderten auf französischen Druck zusätzlich die Entschädigung von NS-Opfern ohne Diskriminierung einzelner Gruppen. Auch die »Verfolgung aus Gründen der Nationalität« sollte als Entschädigungsgrund anerkannt werden, denn Millionen von Polen, Russen, Ukrainern, Tschechen oder Franzosen waren wegen ihrer Nationalität verhaftet und deportiert worden. Damit hätte ein Teil der Zwangsarbeiter Entschädigungsansprüche erhalten, wenn auch keinen Lohn für ihre Arbeit. Unter den früheren DP's, denen es nicht gelungen war auszuwandern, befanden sich viele Osteuropäer, die zumeist als Zwangsarbeiter nach Deutschland deportiert worden waren, aber aus politischen Gründen nicht in ihre Heimat zurück wollten und wegen Gesundheitsschäden, anderer Ausbildung oder Sprachschwierigkeiten eine Kümmerexistenz am Rande der Gesellschaft führten. Bonn hielt eisern an der Unterscheidung von NS-Verfolgung und Kriegsfolgen, wozu die Zwangsarbeit gerechnet wurde, fest und wurde dabei von den USA unterstützt. Allenfalls an die wegen ihrer nationalen Herkunft Verfolgten, die schwere Gesundheitsschäden davongetragen hatten und jetzt staatenlos und als politische Flüchtlinge anerkannt waren, sollten Zahlungen erfolgen. Schließlich wurde dann als Minimalkompromiss eine Härteregelung vereinbart: »Ferner werden Personen, die aus Gründen der Nationalität unter Missachtung der Menschenrechte verfolgt wurden und gegenwärtig politische Flüchtlinge sind, die den Schutz ihres früheren Heimatlandes nicht mehr genießen, eine angemessene Entschädigung erhalten, soweit ihnen ein dauernder Gesundheitsschaden zugefügt worden ist.«[7]

[7] Deutscher Bundestag, Drucksachen 1/3500, S. 124 ff., 170 f.; Begründung zum Vertrag Anlage 4 zu Drucksache 1/3500, S. 53; Bonner Vertrag, erläutert

Der Abschluss der Verträge, die am 26. Mai 1952 in Bonn unterzeichnet werden sollten, stand unter erheblichem Zeitdruck. So gab sich die französische Delegation mit dieser Minimallösung zufrieden, behielt sich aber das Recht vor, »nach Unterzeichnung des Vertragswerks in einem Brief an den Bundeskanzler alle Rechte geltend zu machen, auf die die französische Regierung glaubt, bei einer endgültigen Schuldenregelung mit der Bundesrepublik Anspruch zu haben«.[8] Schließlich hofften die Alliierten noch auf ein großzügiges Bundesentschädigungsgesetz, das auch Leistungen jenseits der Minimalpflichten des Überleitungsvertrages enthielte.

Tatsächlich bestand die Wirkung des 1952 unterzeichneten und 1955 in Kraft getretenen Überleitungsvertrages darin, dass er den Rahmen für die folgenden Verträge und Gesetze absteckte, das Londoner Schuldenabkommen von 1953, den Israel-Vertrag von 1952, das Bundesentschädigungsgesetz von 1953 und das Bundesrückerstattungsgesetz von 1957. Rahmen, das hieß für die Alliierten Minimalregelung, für Bonn Maximalregelung. Konsequenz dieses Vertrages war, dass die meisten Zwangsarbeiter von den Wiedergutmachungszahlungen ausgeschlossen blieben.

Als der Bund unter amerikanischem Druck noch kurz vor Ende der Legislaturperiode im Juli 1953 ein Bundesentschädigungsgesetz beschloss, hatte er für die Zwangsarbei-

v. Hans Kutscher m. Einführung v. Wilhem Grewe, München 1952, Erl. zum Überleitungsvertrag S. 210; Féaux de la Croix, Ernst und Helmut Rumpf: Der Werdegang des Entschädigungsrechts (Die Wiedergutmachung des nationalsozialistischen Unrechts durch die Bundesrepublik Deutschland Bd. III), München 1985, S. 132 f.

[8] Goschler, Wiedergutmachung, S. 251

ter keine Entschädigungsleistungen vorgesehen, sie galten nicht als Verfolgte, und Ausländer wurden nach dem Territorialitätsprinzip ausgeschlossen. In einer Note vom Dezember 1953 beanstandete die Alliierte Hochkommission, dass die in den besetzten Gebieten geschädigten ausländischen NS-Opfer in dem Gesetz nicht berücksichtigt würden und die DP's von wichtigen Leistungen ausgeschlossen seien.

Die Note führte zu einer schweren Verstimmung zwischen der Bundesrepublik und den Westmächten. Bonn argumentierte fortan, es gebe für Beanstandungen des Bundesentschädigungsgesetztes keinen Anlass: »Der Überleitungsvertrag sieht die Entschädigung von ausländischen NS-Verfolgten und Zwangsarbeitern nicht vor«.

5.

Londoner Schuldenabkommen 1953:
Reparationen sind bis zu einem Friedensvertrag
aufgeschoben

Als Vorbedingung für die Revision des Besatzungsstatuts, die Bonn das Recht zur Aufnahme auswärtiger Beziehungen einräumen sollte, und für die Anerkennung des Alleinvertretungsanspruchs der Bundesrepublik verlangte die Alliierte Hochkommission in einem Memorandum vom 23. Oktober 1950 die Übernahme der Auslandsschulden des Deutschen Reiches und die Erstattung der Wirtschaftshilfe in der Nachkriegszeit. Dabei räumten die Drei Mächte ein, dass bei der Festsetzung von Art und Ausmaß der Übernahme die allgemeine Lage der Bundesrepublik und die »territoriale Begrenzung ihrer Herrschaftsgewalt« berücksichtigt werden müssten, weil die Ostgebiete und die DDR nicht dazu gehörten. Die Bundesrepublik »übernahm« nicht die Auslandsschulden, sondern »anerkannte« sie am 6. März 1951. Der Bundesrepublik war es immer wichtig, nicht als Neugründung, sondern als Fortsetzung des Deutschen Reiches zu gelten, um ihren Alleinvertretungsanspruch für ganz Deutschland und die Nichtanerkennungspolitik gegenüber der DDR juristisch zu untermauern. In dem Bestätigungsschreiben versicherte die Alliierte Hochkommission, dass es bei den angestrebten Verhandlungen über ein Zahlungsabkommen nur um die Vor- und Nachkriegsschulden gehe. Die Frage der Reparationen blieb ausgeklammert.[1] Bei diesen Verhandlungen ging es um das umfassendste Schuldenregelungswerk der neueren Wirtschaftsgeschichte. Die Forderungen betrugen insgesamt 30 Milliarden Mark, zu regeln waren etwa 600 Positionen. Die Bundesregierung ernannte den Bankier und Adenauer-Vertrauten Hermann Josef Abs zum Verhandlungsleiter. Abs galt als einer der versiertesten Kenner der Volkswirtschaft Europas. Einen Teil seiner Auslanderfahrungen hatte er zwischen 1938 und 1945 als Leiter der Auslandsabteilung der Deutschen Bank gemacht, zu deren Aufgaben die Abwicklung der »Arisierung« großer Firmen und Banken im besetzten Europa gehörte, woran seine Bank gut verdient hatte. Dennoch galt Abs 1951 als »unbelastet«, weil er vorausschauend schon vor Kriegsende einigen seiner Opfer signalisiert hatte, die »Arisierung« könne bei Änderung der Verhältnisse revidiert werden. Außerdem konnte er vorweisen, trotz der Regimenähe seiner Bank nie NSDAP-Mitglied gewesen zu sein. Im Sommer 1951 fanden Beratungen zwischen den Delegationen der Bundesrepublik und der Drei Mächte in Bonn statt. In der Folge wurde in London eine Vorkonferenz eröffnet, die schließlich in eine Hauptkonferenz von Februar bis August 1952 mündete, an der 22 weitere Delegationen teilnahmen. Am 27. Februar 1953 wurde das multilaterale Londoner Schuldenabkommen unterzeichnet, 55 weitere Regierungen wurden zum Beitritt eingeladen.

Hauptziel der deutschen Delegation war es, die Hindernisse, die einer Wiedereingliederung der Bundesrepublik in die Weltwirtschaft entgegenstanden, beiseite zu räu-

[1] Office of the High Commissioner for Germany: 6th Report on Germany, Januar 1 – March 31, 1951, Frankfurt 1951, S. 132 ff.

men.[2] Um wieder kreditwürdig im Außenhandel zu werden, mussten die deutschen Altschulden zumindest teilweise abgetragen werden. Ein weiteres Ziel war die »Rettung« der noch nicht liquidierten Teile des von den Alliierten beschlagnahmten deutschen Auslandsvermögens. Damit die Bundesrepublik im Außenhandel zahlungsfähig wurde, sollte ein weitgehender Reparationsverzicht der Westmächte vereinbart werden.

Auf eine Neubewertung oder Berücksichtigung des für Reparationszwecke herangezogenen Auslandsvermögens wollten sich die Alliierten nicht einlassen. Dagegen waren sie bereit, die Hauptforderungen in etwa zu halbieren und langfristige Zahlungsziele einzuräumen. Die verbleibenden Forderungen wurden auf 14,5 Milliarden Mark reduziert. Die jährlichen Zahlungen sollten mit 250 Millionen Mark beginnen.

Die Verhandlungen wurden dadurch weiter kompliziert, dass Bonn einerseits immer wieder seine begrenzte Leistungsfähigkeit behauptete, parallel zu London aber in Wassenaar bei Den Haag über die als Reparationsforderungen gekennzeichneten Entschädigungsansprüche Israels verhandelte. In der Frage der Reparationen ging es darum, die beim Überleitungsvertrag erreichte Rückstellung in den multilateralen Vertrag einzubringen und die Entschädigungsforderungen der Zwangsarbeiter als Reparationen zu qualifizieren. Der später angenommene Entwurf des Art. 5 Abs. 2 lautet: »Eine Prüfung der aus dem Zweiten Weltkrieg herrührenden Forderungen von Staaten, die sich mit

[2] Die Wiederherstellung des deutschen Kredits. Das Londoner Schuldenabkommen. Rhöndorfer Gespräche Bd. 4, hrsg. v. Hans-Peter Schwarz, Stuttgart 1982; Abs, Hermann J.: Entscheidungen 1949-1953. Die Entstehung des Londoner Schuldenabkommens, Mainz 1991

Deutschland im Kriegszustand befanden oder deren Gebiet von Deutschland besetzt war, und von Staatsangehörigen dieser Staaten gegen das Reich und im Auftrag des Reichs handelnde Stellen oder Personen einschließlich der Kosten der deutschen Besatzung, der während der Besetzung auf Verrechnungskonten erworbenen Guthaben sowie der Forderungen gegen die Reichskreditkassen, wird bis zu der endgültigen Regelung der Reparationsfrage zurückgestellt.«[3]

Diese Formulierung ging gleich zweifach über die Formulierung der Rückstellungsklausel im Überleitungsvertrag, dass über Reparationen erst später verhandelt werden solle, hinaus. Einmal wurden hier ausdrücklich die Einzelforderungen von Bürgern ausgeschlossen, zweitens Forderungen gegen im Auftrag des Reichs handelnde Stellen. Damit war den Firmen, die Zwangsarbeiter beschäftigt hatten, eine hervorragende rechtliche Möglichkeit gegeben, sich ihrer Verantwortung für die Entschädigung zu entziehen.

Der deutsche Delegationsleiter bei den Verhandlungen über den Israel-Vertrag, Professor Franz Böhm, hatte öffentlich den Grundsatz vertreten »Unrechtsschulden gehen vor Geschäftsschulden«. Ähnlich argumentierten die kleineren Staaten in London. Vor allem die Niederlande wollten nicht einsehen, warum die alten Reichsanleihen und die Nachkriegswirtschaftshilfe Priorität gegenüber ihren Forderungen gewinnen solle. Mit Unterstützung von Däne-

---

[3] Deutscher Bundestag, Drucksachen 1/4260, S. 158; Herbert, Ulrich: Nicht entschädigungsfähig? Die Wiedergutmachungsansprüche der Ausländer, in: Herbst, Ludolf und Constantin Goschler: Wiedergutmachung in der Bundesrepublik Deutschland, München 1989, S. 273 ff., 279; Buchheim, Christoph: Das Londoner Schuldenabkommen, in: Westdeutschland 1945-1955. Unterwerfung, Kontrolle, Integration, hrsg. v. Ludolf Herbst, München 1985

mark und Norwegen verlangte die niederländische Delegation eine Entschädigung für verschleppte Zwangsarbeiter und KZ-Häftlinge. Der niederländische Delegationsleiter Kan wollte diese Entschädigungsforderungen, die nicht Kriegsschäden seien, von dem Aufschub ausnehmen.[4] Abs argumentierte, die Zins- und Tilgungsleistungen für die 14,5 Milliarden Vorkriegs- und Auslandsschulden seien das Äußerste, was die Bundesrepublik leisten könne. Die Niederlande würden schließlich als Nachbarstaat auch von einer prosperierenden deutschen Wirtschaft profitieren. In der Präambel des Londoner Schuldenabkommens wurde eine »blühende Völkergemeinschaft« als Zweck der Vereinbarung angegeben. Dass vielleicht gerade eine Sühneleistung an die Opfer der NS-Herrschaft zur Rehabilitierung Westdeutschlands beitragen könnte, passte nicht in Abs' Konzept. Im Vergleich zu der Verhandlungsführung Böhms bemerkte Abs rückblickend, Böhm habe vor allem die Lösung einer Aufgabe im Auge gehabt und nicht seinen Auftrag, die Interessen seiner Regierung zu vertreten.

In London wurde von den USA die schon bei den Verhandlungen über den Überleitungsvertrag verfolgte Linie der Schonung der Bundesrepublik im Interesse der vorgesehenen Wiederbewaffnung eingehalten. Die durchgesetzte Regelung enthielt eine krasse Diskriminierung ausländischer NS-Verfolgter gegenüber privaten Anlegern. Wer von den Zeichnern der Dawes- oder der Young-Anleihen, die in den 20er Jahren aufgelegt worden waren, um Deutschland die Finanzierung der Reparationszahlungen aus dem Versailler Vertrag zu ermöglichen, hätte nach 1945 noch daran gedacht, auch nur einen Teil seines Kapitals zu-

[4] Pawlita, »Wiedergutmachung«, S. 401

rückzuerhalten? Diese Position lag aber auch in der Tradition westalliierter Wiedergutmachungspolitik, die nach 1945 der Rückerstattung von Privatvermögen den Vorrang vor der Entschädigung von Verfolgungsopfern eingeräumt hatte. Alles, was die niederländische Delegation durchsetzen konnte, war eine interpretatorische Notiz, der Artikel 5 könne nicht in der Weise ausgelegt werden, dass dadurch das bestehende Recht in der Bundesrepublik oder Rechte aus früheren Abkommen beeinträchtigt werden. Damit verbanden die Niederländer die Hoffnung auf ein großzügiges Bundesentschädigungsgesetz oder eine Rechtsprechung, die Zwangsarbeiter begünstigte.

Für Abs war die Abwehr der Reparationsforderungen in den Londoner Verhandlungen ein großer Erfolg. Der Erfolg der Bundesrepublik war die Niederlage der Zwangsarbeiter. Ihre Forderungen auf Entschädigung gegen die Bundesrepublik oder die Zwangsarbeitsfirmen konnten jetzt pauschal mit dem Hinweis auf Art. 5 Abs. 2 des Londoner Schuldenabkommens zurückgewiesen werden. Die deutsche Justiz wies seit 1953 in ständiger Rechtsprechung Klagen von ausländischen KZ- und Zwangsarbeitern mit Hinweis auf das Londoner Schuldenabkommen ab.[5] Das Landgericht Frankfurt urteilte 1960: »Forderungen aus unerlaubter Handlung und ungerechtfertiger Bereicherung, die von Staatsangehörigen der mit Deutschland im Kriegszustand befindlich gewesenen Staaten wegen Verschleppung, Gefangenhaltung und Misshandlung gegen ehemalige Rüstungsbetriebe erhoben werden, sind nach Art. 5 Abs.

---

[5] Klimpe-Auerbach, Wolf: Deutsche Zivil- und Arbeitsgerichtsbarkeit und NS-Zwangsarbeit, in: Stiften gehen. NS-Zwangsarbeit und Entschädigungsdebatte, hrsg. v. Ulrike Winkler, Köln 2000, S. 205 ff.

2 des Londoner Schuldenabkommens bis zur endgültigen Regelung der Reparationsfrage zurückzustellen.«[6] Der Bundesgerichtshof wies am 26. Februar 1963 auch die Klage eines polnischen KZ-Zwangsarbeiters ab, obwohl Polen nie dem Londoner Schuldenabkommen beigetreten war. Der Bundesgerichtshof hätte bei Zwangsarbeiterprozessen auch gleich über dem Eingang zum Gerichtssaal das Dante-Zitat anbringen können: »Lasst, die ihr eingeht, alle Hoffnung fahren!«

---

[6] Urteil LG Frankfurt v. 27. 1. 1960, in: NJW 1960, S. 1575; Féaux de la Croix, Ernst: Schadensersatzansprüche ausländischer Zwangsarbeiter im Lichte des Londoner Schuldenabkommens, in: NJW 1960, S. 2268-2271

6.

Der Israel-Vertrag ist eine Ausnahme vom Grundsatz, keine Reparationen zu zahlen

Als sich im Frühjahr 1951 der Beginn einer Neuordnung der deutsch-alliierten Beziehungen abzeichnete, richtete die Regierung Israels am 12. März 1951 eine Note an die Vier Mächte, weil sie direkte Verhandlungen mit den beiden deutschen Staaten ablehnte. Israel forderte die Zahlung von Reparationen in Höhe von 1,5 Milliarden Dollar von ganz Deutschland. Die Forderung von Reparationen durch einen Staat, den es während des Zweiten Weltkriegs noch nicht gegeben hatte, war etwas Ungewöhnliches. Schon in der Kriegszeit waren von emigrierten deutschen Juden rechtliche Überlegungen zu der Frage angestellt worden, wie man Deutschland dazu zwingen könne, für die Verbrechen an Juden während der NS-Zeit Schadensersatz zu leisten. Dabei ging es nicht nur um die Rückerstattung des entzogenen Eigentums und die Entschädigung für die Entrechtung, Verfolgung und Ermordung, sondern auch um einen Kollektivanspruch. Weil das Deutsche Reich dem jüdischen Volk den Krieg erklärt habe, müsse auch eine Globalsumme an die Vertretung des jüdischen Volkes gezahlt werden.[1] Grundlage des Anspruchs war ein vom ersten Generalsekretär des Zentralrats der Juden in Deutsch-

---

[1] Sagi, Nana: Wiedergutmachung für Israel. Die deutschen Zahlungen und Leistungen, Stuttgart 1981, S. 21 ff.

land, Rechtsanwalt Hendrik George van Dam, erstattetes Gutachten vom 1. Juli 1950.[2]

Im ersten Abschnitt begründet van Dam, warum bei Verhandlungen mit den beiden deutschen Staaten Eile geboten sei: »Die Zeit arbeitet gegen die Wiedergutmachung, wie gegen die Verfolgung der Menschheitsverbrecher und die Fortsetzung der Entnazifizierung. Es besteht bei den deutschen Regierungen auch heute noch ein Interesse an einer gewissen Bereinigung des Wiedergutmachungskomplexes, das politisch und ökonomisch motiviert ist.« Das Motiv, die unliebsame Nazi-Erbschaft abzuschütteln, werde nur noch für eine beschränkte Zeitdauer eine Rolle spielen. Gesetze, die nicht innerhalb dieser Zeitspanne erlassen seien, würden später nie mehr erlassen werden.

Van Dams Hauptinteresse galt der Begründung des Kollektivanspruchs des Staates Israel. Staatsdoktrin des Deutsche Reiches in den Jahren von 1933 bis 1945 sei eine kollektive Diskriminierung des jüdischen Volkes gewesen. Aufgabe des Staates Israel sei die Rehabilitierung des jüdischen Volkes als Nation. Daher habe der Staat Israel einen Anspruch auf Reparationen, unabhängig davon, dass er erst 1948 gegründet worden sei. Dieser Anspruch trage einen Ausnahmecharakter gegenüber den Reparationsansprüchen anderer Völker, weil Deutschland es auf die Vernichtung des jüdischen Volkes und seine Beraubung abgesehen habe.

Auch die erst nach Beginn des Ersten Weltkriegs gegründeten Staaten Polen, Jugoslawien und Tschechoslowakei

---

[2] Dam, Hendrik van: Das Problem der Reparationen und Wiedergutmachung für Israel (Übersetzung aus dem Englischen), in: Der deutsch-israelische Dialog, hrsg. v. Rolf Vogel, Bd. 1, 19 ff.

wären durch den Versailler Vertrag von 1919 zu Reparationsgläubigerstaaten gemacht worden. Der Staat Israel habe darüber hinaus auch das Recht, die Individualansprüche der nach Israel eingewanderten Juden auf Rückerstattung und Entschädigung gegenüber der Bundesrepublik geltend zu machen. Die Länder Westdeutschlands hätten bisher nur einen kleinen Kreis von NS-Verfolgten entschädigt in der Hoffnung, damit ihrer Wiedergutmachungspflicht formell nachgekommen zu sein und eine gewisse Beruhigung zu schaffen.

Abweichend von der in Israel vorherrschenden Meinung, keine Verhandlungen mit den deutschen Staaten zu führen, listete van Dam acht praktische Gründe für israelisch-deutsche Direktverhandlungen auf. Ein Grund möglichst bald Verhandlungen aufzunehmen, sei der Standpunkt der Vereinigten Staaten. Wiedergutmachung an Israel würde von der US-Hochkommission unter McCloy unterstützt, da sie den Amerikanern damit auch ein gewisses Alibi für deren Politik des Abbruchs der Entnazifizierung und der Zusammenarbeit mit Westdeutschland liefere.

Die von Israel 1951 geforderte Reparationssumme ergab sich aus der Zahl der vor der NS-Verfolgung nach Israel geflohenen 500 000 europäischen Juden multipliziert mit dem Betrag von 3000 Dollar Eingliederungskosten pro Person.

Die Westmächte wiesen den Reparationsanspruch höflich zurück und forderten Israel auf, sich direkt an die Bundesrepublik zu wenden, wie van Dam vorgeschlagen hatte. Das Hauptargument für Verhandlungen formulierte die spätere israelische Ministerpräsidentin Golda Meir in ihren Erinnerungen: »Ich war immer für Wiedergutmachung und dafür, Geld von den Deutschen anzunehmen, damit wir den

Staat Israel aufbauen konnten.«[3] Für Israel kamen Direktverhandlungen erst nach einer generellen Schuldanerken-
nung durch die Bundesrepublik in Betracht. Die Kernsätze
der Regierungserklärung Bundeskanzler Adenauers vom
27. September 1951 lauteten: »Im Namen des deutschen
Volkes sind unsagbare Verbrechen begangen worden, die
zur moralischen und materiellen Wiedergutmachung verpflichten, sowohl hinsichtlich der individuellen Schäden,
die Juden erlitten haben, als auch des jüdischen Eigentums,
für das heute individuell Berechtigte nicht mehr vorhanden
sind.«[4] Zugleich verwies Adenauer aber auch auf die beschränkte Leistungsfähigkeit der Bundesrepublik wegen
der zahlreichen Kriegsopfer, die sie zu versorgen habe. Ein
Hinweis auf die Kosten der geplanten Aufrüstung wäre hier
unpassend gewesen. Das Echo auf die Adenauer-Erklärung
war in den USA außerordentlich positiv. Als erster bekundete Hochkommissar McCloy in einem Telegramm seine
Anerkennung. Die »Washington Post« nannte die Erklärung »das Beste, was seit der Zeit vor 1933 aus Deutschland
gekommen ist«.[5] Die Reaktion in Israel war sehr viel zurückhaltender. Eine Verständigung mit Deutschland konnte sich kaum jemand vorstellen, aber Israel befand sich in
einer verzweifelten Wirtschaftslage und war dringend auf
Geld angewiesen. Also ließ man Bonn wissen, dass Verhandlungen nur auf der Grundlage der Forderung Israels
möglich seien. Am 6. Dezember 1951 kam es im Claridge's
Hotel im London zu einem Treffen zwischen dem Präsiden-
ten des Jüdischen Weltkongresses und Vertreter der Confe-

---

[3] Meir, Golda: Mein Leben, Hamburg 1976, S. 175
[4] Deutscher Bundestag, Sten. Berichte 1/S. 6697 f.
[5] Schwartz, America's Germany, S. 179

rence of Jewish Material Claims against Germany, einem Zusammenschluss von 21 jüdischen Verfolgtenorganisationen, Nahum Goldmann und Bundeskanzler Adenauer. Goldmann vermittelte seinem Gesprächspartner den Eindruck, dass hier große Politik gemacht werde. Adenauer müsse ihm nur einen Brief schreiben, in dem die Bundesrepublik die Forderung Israels als Verhandlungsgrundlage akzeptiere. Adenauer versicherte seinem Gesprächspartner: »Ich fühle die Flügel der Geschichte, die meine Schultern berühren.«[6] Hier galt es, ein bedeutendes Zeichen zu setzen. Der Bundeskanzler unterschrieb einen von Goldmann vorformulierten Brief, in dem es heißt: »Die Bundesregierung ist bereit, bei diesen Verhandlungen die Ansprüche, die die Regierung des Staates Israel in ihrer Note vom 12. März gestellt hat, zur Grundlage der Besprechungen zu machen.«[7] Adenauer hatte sich für die Zusage nicht die Zustimmung des Kabinetts eingeholt und sie stand auch im Widerspruch zu der Politik, vor Abschluss des Londoner Schuldenabkommens keine finanziellen Zusagen an Reparationsgläubiger zu machen. Weder Finanzminister Schäffer noch der Delegationsleiter für London, Abs, waren informiert worden. Bei den Regierungsfraktionen gab es weder für die Zusage noch für das spätere Abkommen eine Mehrheit – die kam nur mit der Zustimmung der SPD-Fraktion zu Stande.

---

[6] Köhler, Henning: Adenauer. Eine politische Biographie, Berlin 1994 S. 698 ff., 703

[7] Goldmann, Nahum: Adenauer und das jüdische Volk, in: Konrad Adenauer und seine Zeit. Politik und Persönlichkeit des ersten Bundeskanzlers, Bd. 2 Beiträge von Weg- und Zeitgenossen, hrsg. v. Dieter Blumenwitz u.a., Stuttgart 1976, S. 427 ff.; Böhm, Franz: Das deutsch-israelische Abkommen 1952, in: ebenda, S. 437 ff.

In dem Brief vom 6. Dezember 1951 an Goldmann wird die Wiedergutmachung vor allem als »moralische Verpflichtung« und »Ehrenpflicht des deutschen Volkes« bezeichnet. Diese Ausdrücke sollten einerseits eine Überhöhung der Schadensersatzpflicht sein, zugleich aber auch die bestehende Rechtspflicht relativieren. Denn als Ehrenpflicht werden im normalen Verständnis nicht einklagbare Forderungen bezeichnet und eine moralische Pflicht muss nicht auch eine Rechtspflicht sein. Die Wiedergutmachung wurde damit anerkannt, aber zugleich die Grundlage für die Weigerung geschaffen, anderen weniger spektakulären Formen der Schadensersatzpflicht nachzukommen.

Die Verhandlungen begannen am 21. März 1952 in dem niederländischen Kleinstädtchen Wassenaar bei Den Haag. Zu den Verhandlungsthemen gehörten neben der Globalforderung Israels an die Bundesrepublik in Höhe von einer Milliarde Dollar die Forderung der Claims Conference nach einer weiteren Globalsumme für die Eingliederung von geflohenen Juden außerhalb Israels in Höhe einer halben Milliarde Dollar und Grundsätze für Bundesgesetze über individuelle Rückerstattung und Entschädigung. Das hieß dann im Ergebnis auch, dass hier der Rahmen für die Entschädigung für Verfolgung aus rassischen Gründen abgesteckt wurde. Es wurde dabei auch hochgerechnet, was diese Regelungen kosten würden. Zeigte man sich hier verhältnismäßig großzügig, so die Bonner Kalkulation, dann konnte man bei der Entschädigung anderer Gruppen wie der Zwangsarbeiter kürzer treten. Goldmann räumte später ein, mit seinen Forderungen etwas hoch gepokert zu haben, die israelische Regierung wäre auch mit geringeren Beträgen einverstanden gewesen, als sie schließlich im Luxemburger Vertrag vereinbart wurden.

Die Verhandlungskonzeption der deutschen Verhandlungsleiter Böhm und Küster sah vor, die Globalforderungen insbesondere der Claims Conference zu Gunsten der individuellen Entschädigung herunterzudrücken. Doch die Bundesregierung hatte strikte Anweisung gegeben, keine Zahlen zu nennen. Da sich die Bonner Delegation weisungsgemäß monatelang geweigert hatte, ein beziffertes Angebot abzugeben, unterbrach Israel die Verhandlungen. Grund war die Befürchtung Israels, dass seine Globalforderung zu einem einfachen Kalkulationsposten in der Londoner Schuldenbilanz herabqualifiziert würde. Böhm und Küster drohten, aus Protest von ihren Ämtern zurückzutreten. »Von der israelischen Delegation ist die Befürchtung ausgesprochen worden, dass deutscherseits möglicherweise so verfahren werden könnte, dass zunächst die übrigen Gläubiger zufriedengestellt würden und Israel (und die Organisationen) mit dem vorlieb nehmen müsste, was übrigbleibt«, heißt es in einem Schreiben Böhms an den Bundeskanzler.[8] Nach einer Besprechung mit Abs in London, der nur bescheidene Anfangszahlen und keine Gesamtsumme genannt hatte, richtete Goldmann einen Protestbrief an Adenauer, in dem er an dessen Schreiben vom 6. Dezember 1951 erinnerte.

US-Hochkommissar McCloy intervenierte am 4. April 1952 bei Adenauer, endlich den Verhandlungen eine stabilisierende Wendung zu geben, sonst wackele auch die israelische Regierung. Die Entscheidung fiel am nächsten Tag nach einer dramatischen Ministerbesprechung im Palais Schaumburg in Bonn, an der die Verhandlungsleiter für Wassenaar, Böhm und Küster, und für London, Abs, teil-

---

[8] Böhm, Das deutsch-israelische Abkommen 1952, in; Konrad Adenauer und seine Zeit, S. 456

nahmen. Bei der Diskussion über die Angemessenheit der geforderten Eingliederungskosten habe Adenauer die Diskussion mit dem Einwand abgewürgt, »die Zahlen können wir uns sparen, die Juden betrügen uns ja doch«, notierte Küster in seinem Tagebuch.[9] Man einigte sich, zu einem späteren geeigneten Zeitpunkt das Angebot von drei Milliarden D-Mark zu machen. Noch am selben Tag unterrichteten Böhm, Küster und Abs Hochkommissar McCloy von dem Ergebnis, mit dem Ziel, die USA sollten doch in Anbetracht dieser Summe ihre Forderungen bei den Londoner Schuldenverhandlungen reduzieren oder Bonn durch eine Anleihe helfen. Böhm brachte das Ergebnis des Tages auf die Formel: »Heute früh haben wir den Kanzler mit Hilfe von McCloy, heute Nachmittag McCloy mit Hilfe des Kanzlers erpresst.«[10]

Nach Sondierungen zwischen Goldmann und Böhm in Paris konnten die Verhandlungen im Juni wieder aufgenommen werden. Am Ende stand ein am 10. September 1952 in Luxemburg unterzeichnetes Abkommen mit Israel über die Zahlung einer Globalsumme in Höhe von drei Milliarden D-Mark an Israel und 450 Millionen D-Mark an die Claims Conference, zahlbar innerhalb von 12 bis 14 Jahren teils in Devisen, vorwiegend in Form von Waren, Schiffen und Industrieanlagen. Dem Vertrag war als Haager Protokoll Nr. 1 eine Vereinbarung mit der Claims Conference über die Grundsätze der künftigen Gesetze zur Wiedergutmachung beigefügt, die in etwa dem entsprachen, was im Überleitungsvertrag festgelegt war. In einem Briefwechsel

[9] Jena, Kai von: Versöhnung mit Israel? Die deutsch-israelischen Verhandlungen von 1952, in: Vierteljahreshefte für Zeitgeschichte, 34. Jhg. 1986, S. 457-480, 470
[10] Ebenda, S. 471

zum Israel-Vertrag wurde erstmals eine Abgeltungsklausel festgeschrieben, wie sie in vielen späteren Globalabkommen zu finden ist: »Der Staat Israel wird keine weiteren Forderungen gegen die Bundesregierung erheben auf Grund von oder in Verbindung mit Schäden die durch die nationalsozialistische Verfolgung verursacht worden sind.«[11]

Das hieß im Ergebnis, dass auch hier eine Entschädigung der Zwangsarbeiter nicht vorgesehen war.

Aus der Distanz betrachtet gilt der Israel-Vertrag als eine bedeutende Leistung Adenauers, der den Weg zur Versöhnung mit Israel geebnet und viel zur Stärkung des Ansehens der Bundesrepublik in den USA beigetragen habe. Da sich die Wirtschaft der Bundesrepublik viel dynamischer entwickelte, als man vorhergesehen hatte, nahmen sich die Lieferungen an Israel wie eine staatliche Förderung der Exportwirtschaft aus.[12]

Später wurde immer wieder, auch von Bundeskanzler Brandt, auf den Israel-Vertrag als leuchtendes Beispiel großzügiger Wiedergutmachungspolitik, das über herkömmliche völkerrechtliche Reparationspflichten hinausgehe, verwiesen. Doch dieses leuchtende Beispiel wurde stets mit dem Hinweis versehen, dass es die Ausnahme von dem Prinzip darstelle, keine Reparationszahlungen zu leisten. Damit wurde zugleich betont, dass Zwangsarbeiter auch künftig keine Aussicht auf Entschädigungszahlungen hatten.

[11] Deutscher Bundestag, Drucksachen 1/4141
[12] Schwarz, Hans-Peter: Die Ära Adenauer. Gründerjahre der Republik 1949-1957 (Geschichte der Bundesrepublik Deutschland Bd. 2), S. 186

7.

Bonn 1953: Zwangsarbeiter sind keine Verfolgten im Sinne des Bundesentschädigungsgesetzes

Das Bundesentschädigungsgesetz gilt als die Magna Charta der deutschen Wiedergutmachung. Dass es überhaupt zu einem Bundesentschädigungsgesetz gekommen ist, verdanken die Verfolgten keiner deutschen Initiative, sondern den Besatzungsmächten. Der SPD-Abgeordnete Adolf Arndt ging in der Bundestagsdebatte vom 11. September 1952 bei der Begründung eines von der SPD-Fraktion eingebrachten »Entwurf eines Gesetzes zur Anerkennung des deutschen Widerstandes und zur Wiedergutmachung nationalsozialistischen Unrechts«[1] kurz auf den Überleitungsvertrag ein. Er nannte »die uns auferlegte Wiedergutmachung« eine der »peinlichsten Bestimmungen« des Vertragswerks. Es hätte doch das eigenste Anliegen des Bundestags sein müssen, diese gesetzgeberische Aufgabe selbst zu lösen.[2]

Der CDU-Abgeordnete Franz Böhm, der in seiner Partei wegen des zu »großzügig« ausgehandelten Israel-Vertrages angegriffen wurde, attackierte an anderem Ort mit grimmigem Hohn die Verhandlungsführung seiner Kollegen Abs beim Londoner Schuldenabkommen und Grewe beim Überleitungsvertrag: »Wir überließen nicht nur den siegreichen Mächten die Wahrnehmung der Interessen unserer Mitbürger gegen die eigene Regierung, sondern wir emp-

---

[1] Deutscher Bundestag, Drucksachen, 1/3472
[2] Deutscher Bundestag, Sten. Berichte, 1/S. 10434 f.

fanden es als einen Verhandlungserfolg, als es uns gelang, die Interessen unserer deutschen Mitbürger zu schädigen.«[3]

Die Bundesregierung betrachtete den Entschädigungskomplex nicht als herausragende Bundesaufgabe, nicht einmal als Kriegsfolgeproblem, für das der Bund aufzukommen hätte, sondern als ein besonderes Fürsorgeproblem, also Ländersache. Die Minimalbedingungen für ein Bundesgesetz ergaben sich aus dem Überleitungsvertrag und dem als Annex zum Israel-Vertrag ausgehandelten Haager Protokoll Nr. 1 über Bundesgesetze zur Entschädigung von NS-Verfolgten und Rückerstattung ihres entzogenen Vermögens. Dennoch bedurfte es einer dringenden Aufforderung des US-Hochkommissars McCloy, um die Bundesregierung im Frühjahr 1953 zu bewegen, den Entwurf eines Bundesentschädigungsgesetzes einzubringen.[4] Eine der beabsichtigten Nebenwirkungen der Vorlage war, den angeblich mit dem Überleitungsvertrag nicht übereinstimmenden und in den finanziellen Folgelasten für den Bund »zu teuren« Bundesratsentwurf, über den seit Monaten beraten wurde, auszuhebeln. Für den SPD-Entwurf hätte sich ohnehin keine Mehrheit gefunden. Die Zeitspanne für die Verabschiedung des Regierungsentwurfs war so knapp gewählt, dass er trotz offensichtlich grober Mängel nur ohne ausführliche Beratung und ohne jede Änderung verabschiedet werden konnte, wollte man nicht das Ende der ersten Legislaturperiode des Bundestages verstreichen lassen.[5]

---

[3] Böhm, Franz: Einführung zum Vortrag von Otto Küster, Wiedergutmachung als elementare Rechtsfrage, Frankfurt a. M. 1953, S. 23
[4] Goschler, Wiedergutmachung, S. 295 f.
[5] Schriftliche Erklärungen der SPD-Abgeordneten Adolf Arndt und Otto Heinrich Greve zur Schlußabstimmung in der dritten Beratung des Entwurfs

Das neue Bundesentschädigungsgesetz, mit vollem Namen »Bundesergänzungsgesetz zur Entschädigung der Opfer nationalsozialistischer Verfolgung (BEG)« transformierte bürgerlich-rechtliche Ansprüche wegen unerlaubter Handlung und Amtspflichtverletzung nach den §§ 823 ff. und § 839 BGB in einen öffentlich-rechtlichen Entschädigungsanspruch.[6] Das neue Gesetz verschaffte Verfolgten damit einen leichter als nach bürgerlichem Recht einklagbaren Anspruch gegen den Staat. Zugleich war das BEG auch ein Haftungsbegrenzungs- und Enthaftungsgesetz, denn dieser Anspruch sollte nur eine Hilfe zum Lebensunterhalt darstellen und schloss vollen Schadensersatz und Schmerzensgeld aus. Anspruchsberechtigt ist nach § 1, wer »wegen seiner gegen den Nationalsozialismus gerichteten politischen Überzeugung, aus Gründen der Rasse, des Glaubens oder der Weltanschauung« verfolgt worden ist. Als rassisch verfolgt galten fast nur die nach den Nürnberger Gesetzen verfolgten Juden. Der Bundesgerichtshof wollte über lange Jahre eine Verfolgung der Sinti und Roma vor 1943 nicht anerkennen. Polen und Russen galten ebenfalls ohne weitere Begründung nicht als rassisch verfolgt. Damit fielen Millionen von Zwangsarbeitern aus dem Anspruchssystem heraus.[7]

Das Kriterium »gegen den Nationalsozialismus gerichtete politische Überzeugung« wurde besonders eng ausgelegt. Eine schlichte Gegnerschaft oder unangepasstes Verhalten reichte nicht aus. Die Sozialdemokraten hatten mit ihrem

---

eines Bundesergänzungsgesetzes zur Entschädigung für Opfer der nationalsozialistischen Verfolgung (Drucksache Nr. 4590), Deutscher Bundestag, Sten. Berichte 1/S. 14046 f.

[6] Goschler, Wiedergutmachung, S. 299

[7] Pawlita, »Wiedergutmachung«, S. 332 f.

Gesetzentwurf zur Anerkennung des Widerstandes unfreiwillig Schützenhilfe geleistet, um den Begriff Verfolgung zu verengen; ihnen ging es um die Anerkennung des politischen Widerstandes, von dem schon Kurt Schumacher 1949 in seiner Entgegnung auf die erste Regierungserklärung Konrad Adenauers gesprochen hatte. Zu der gleichlautenden Vorschrift des Entschädigungsgesetzes für die US-Zone von 1949 hatte das OLG Stuttgart geurteilt, politische Überzeugung sei nur eine »charaktervolle, auf sittlichen Grundlagen beruhende und während einer gewissen Zeitdauer bewährte Grundeinstellung in den Fragen des Verhältnisses zwischen Staat und Einzelpersönlichkeit«. Da werde eine Heldenstatue mit schmaler Silhouette herausgearbeitet, da würden Maßstäbe aufgestellt, die auf die Helden eines klassischen Dramas zielten, spottete der Historiker Constantin Goschler.[8]

Der Wiedergutmachungsexperte der SPD, Adolf Arndt, empörte sich im Bundestagsausschuss für Wiedergutmachung über eine Entscheidung der Wiedergutmachungskammer Stuttgart, die befunden hatte, dass ein wegen »Rassenschande« zu jahrelangem Zuchthaus Verurteilter von der Wiedergutmachung ausgeschlossen sei, weil er nicht aus sittlich gefestigter Auffassung, sondern nur zur Befriedigung seiner Geschlechtslust den Geschlechtsverkehr gepflogen habe. Arndt schlug vor, »Richtern, die derartige Urteile fällten, die Akten um die Ohren zu schlagen«.[9]

Das Bundesentschädigungsgesetz zielte mit dem durch die Rechtsprechung noch enger ausgelegten politischen Verfolgungsbegriff darauf ab, Ansprüche von Ausländern

8 Goschler, Wiedergutmachung, S. 156
9 Goschler, Wiedergutmachung, S. 157

73

abzuwehren. Als politisch verfolgt galten nämlich auch nicht die nationalen Widerstandskämpfer, die sich gegen die Besetzung ihres Landes gewehrt hatten, weil sich ihr Widerstand nicht gegen das innenpolitische System des Nationalsozialismus gerichtet habe.

Viele ehemalige DP's, die sich im Bundesgebiet aufhielten und häufig nicht gut deutsch sprachen, hatten zwischen 1946 und 1953 über Rechtskonsulenten von internationalen Verfolgtenorganisationen Entschädigungsanträge gestellt, die samt den beigefügten Zeugenaussagen und Bescheinigungen mit »politischem Widerstand gegen deutsche Besatzungsherrschaft« begründet waren. Aber gerade diese Begründung erfüllte nicht das Kriterium der Verfolgung aus politischen Gründen.[10] Allgemeine Verschleppungsaktionen im Rahmen der völkerrechtswidrigen Kriegsführung im Osten blieben nämlich unberücksichtigt, wenn sie entweder der militärischen Sicherheit im Besatzungsgebiet gedient hatten oder der Beschaffung von Arbeitskräften, weil es hier auf die politische Einstellung der Opfer nicht angekommen sei. Der Einsatz zur Zwangsarbeit sei aus Gründen der NS-Kriegswirtschaft erfolgt. Dafür sei die Nationalität der Zwangsarbeiter unerheblich gewesen, also ihr Einsatz allgemeines Kriegsschicksal, über dessen Behandlung oder Abgeltung man bei Reparationsverhandlungen im Zusammenhang mit einem gesamtdeutschen Friedensvertrag später sprechen könne. Es handle sich nicht um Verfolgung, für die man sofort eine Entschädigung zu leisten habe, so die Argumentation der Wiedergutmachungsämter und der Gerichte.

---

[10] Schirilla, Laszlo: Wiedergutmachung für Nationalgeschädigte. Ein Bericht über die Benachteiligung von Opfern der nationalsozialistischen Gewaltherrschaft, München 1982, S. 88

Den Grund für den weitgehenden Ausschluss der Zwangsarbeiter aus dem deutschen Entschädigungsrecht wird man
darin sehen müssen, dass noch »zu viele« von ihnen überlebt
hatten. Das Wiedergutmachungsrecht war auf eine Entschädigung von 2 bis 2,5 Millionen Verfolgter ausgelegt. Darüber
hinaus lebten damals aber noch weitere 5 Millionen Zwangsarbeiter. Herbert Ulrich hat die möglichen finanziellen Folgen an einem Zahlenbeispiel erläutert: »Die Gewährung einer monatlichen Rente von 100 D-Mark für 5 Millionen
Menschen bei einer durchschnittlichen Laufzeit von 20 Jahren würde zu einer Gesamtbelastung von 120 Milliarden
D-Mark führen – eine für die Verhältnisse der Nachkriegszeit vollkommen unvorstellbare Summe.«[11]

Ganz ausschließen konnte man die Zwangarbeiter aber
nicht. Sie erhielten nach § 76 BEG, der Abschnitt IV Absatz
2 des Überleitungsvertrags entsprach, einen nur sehr beschränkten Entschädigungsanspruch bei nachweisbaren
Gesundheitsschäden. Dieser Anspruch konnte jedoch nur
geltend gemacht werden, wenn die Zwangsarbeiter politische Flüchtlinge waren und eine Verfolgung aus Gründen
ihrer Nationalität nachweisen konnten. Durch die Formulierung dieses Nationalverfolgten-Paragraphen war sichergestellt, dass 90 Prozent der Zwangsarbeiter, die 1945 nach
Osteuropa und in die Sowjetunion zurückgekehrt waren,
aus dem Anspruchssystem herausfielen. Zwangsarbeiter
waren keine Verfolgten im Sinne des Bundesentschädigungsgesetzes.

Das für die Bearbeitung von Entschädigungsanträgen aus
dem Ausland zuständige Bundesverwaltungsamt beschied

---

[11] Herbert, Nicht entschädigungsfähig ? in: Wiedergutmachung, hrsg. v.
Herbst u. Goschler, S. 276

osteuropäische Zwangsarbeiter mit einem vorgedruckten Text:

»Seine Verbringung zum Arbeitseinsatz erfolgte nicht wegen seiner Zugehörigkeit zu einem fremden Staat oder zu einem nicht-deutschen Volkstum. Sie war vielmehr eine Maßnahme zur Beseitigung des kriegsbedingten Mangels an Arbeitskräften, von der Personen aller Nationalitäten betroffen wurden. Die von dem Antragsteller vorgetragenen Umstände des Arbeitseinsatzes sind nach eingehender Würdigung auf die allgemeine Verschlechterung der Lebensbedingungen im Krieg zurückzuführen. Der Antrag ist abzulehnen.«[12]

---

[12] Herbert, Fremdarbeiter, S. 10

8.

Ausländer haben nach dem Territorialitätsprinzip keinen Anspruch auf Wiedergutmachung

Die nationalsozialistische Verfolgung hatte das gesamte besetzte Europa zwischen Atlantik und Wolga erfasst, vor allem aber den Osten. Verfolgt im weitesten Sinne waren Millionen von schlecht behandelten Kriegsgefangenen, zwangsweise aus ihrer Heimat Umgesiedelten, zur Zwangsarbeit nach Deutschland Deportierten, von KZ-Häftlingen und Ermordeten.

Die Entschädigungsexperten im Bonner Finanzministerium und im Auswärtigen Amt sahen nach 1950 ihre Hauptaufgabe bei den Verhandlungen mit den Westmächten und der Vorbereitung eines Bundesentschädigungsgesetzes nicht darin, den Überlebenden zu helfen, sondern mögliche Wiedergutmachungsforderungen einzugrenzen.

Die erste Eingrenzung der Anspruchsberechtigten wurde über den Verfolgungsbegriff geschaffen. Entgegen den Absichten der Westmächte hatte sich die Bundesrepublik geweigert, Zwangsarbeit und Verfolgung aus Gründen der Nationalität im Überleitungsvertrag als Verfolgungstatbestand zu werten. Die zweite wesentliche Einschränkung der Entschädigungsberechtigung wurde durch die Unterscheidung zwischen wiedergutmachungsrechtlichen und reparationsrechtlichen Tatbeständen erreicht.[1] NS-Verfol-

---

[1] Granow, Hans Ulrich: Ausländische Kriegsschädenansprüche und Reparationen, in: Archiv des öffentlichen Rechts, Bd. 77 (1951/52), S. 67 ff.; Kischel,

gung von Ausländern und im Ausland sollte als Reparationsforderung gelten, über die nach dem Londoner Schuldenabkommen erst zukünftig bei einem Friedensvertrag verhandelt werden würde. NS-Verfolgung im Inland sollte dagegen als Wiedergutmachungsforderung im Sinne des Bundesentschädigungsgesetzes gelten. Ein Wiedergutmachungsgesetz konnte schwerlich direkt formulieren, dass es Entschädigungszahlungen nur für Deutsche gebe. Daher entsann sich Bonn der auch von den Alliierte ursprünglich verwandten Differenzierung zwischen äußerer und innerer Restitution. Voraussetzung für eine Entschädigung sollte eine Verfolgung im Inland sein. Da die Bundesrepublik den Anspruch erhob, Rechtsnachfolger oder Fortsetzung des Deutschen Reiches zu sein, hätte sie für alles NS-Unrecht haften müssen. Im Hinblick auf den Umfang der Haftung neigte man hier allerdings eher der »Schrumpfstaat-Theorie« zu, nach der der alte deutsche Staat von den Grenzen des Jahres 1937 auf das Gebiet der Bundesrepublik geschrumpft sei, mit der Folge einer entsprechend begrenzten Haftung. In diesem Sinne wurde das subjektiv-personale Territorialitätsprinzip in das Bundesentschädigungsgesetz eingebaut.[2] Das Gesetz beschränkte die Anspruchsberechtigung im Prinzip auf Bewohner Westdeutschlands am Stichtag 31. Dezember 1952. Für jüdische Verfolgte genügte ein Wohnsitz im Reichsgebiet in den Grenzen von 1937, wenn sie vor dem Stichtag ausgewandert waren, später wurde die Anspruchsberechtigung auf Volksdeutsche außerhalb dieser Grenzen erweitert. Um keine Verfolgten jenseits

Uwe: Wiedergutmachungsrecht und Reparationen. Zur Dogmatik der Kriegsfolgen, in: Juristenzeitung 1997, S. 126 ff.
[2] Pawlita, »Wiedergutmachung«, S. 285 f., 301 ff.

der Ostgrenze der Bundesrepublik entschädigen zu müssen, diente als Korrektiv die Diplomatie-Klausel. Danach waren die Verfolgten aus Staaten, mit denen die Bundesrepublik keine diplomatischen Beziehungen unterhielt, also die damaligen Ostblock-Staaten, nicht anspruchsberechtigt.[3]

Aber auch die verfolgten Ausländer in den ehemals besetzten Ländern Westeuropas blieben ausgeschlossen.

Gegen diese Regelung protestierten die drei Hochkommissare am 10. Dezember 1953 bei der Bundesregierung.[4] In der Note heißt es, dass für große Gruppen von Verfolgten mit Wohnsitz im Ausland bisher keine Entschädigungsleistungen vorgesehen seien, obwohl hier Völkerrechtsdelikte vorlägen. Es bleibe eine moralische Verpflichtung der Bundesrepublik, die ausländischen Verfolgten zu entschädigen. Als Vorlage für die Note hatte die Anweisung der Außenminister der Westmächte vom 10. September 1951 gedient: »Die Hochkommissare sollen den Bundeskanzler und die entsprechenden deutschen politischen Führer darüber unterrichten, dass das bisherige Versagen der Bundesrepublik, für eine nennenswerte Entschädigung der NS-Verfolgten zu sorgen, einschließlich derer, die im Ausland leben, ein wesentliches Hindernis für die Akzeptanz des deutschen Volkes durch die freien Völker der Welt als gleichberechtigter Partner bei ihrer Zusammenarbeit darstellt.«[5]

---

[3] Zur Verfassungsmäßigkeit der sogenannten diplomatischen Klausel im Wiedergutmachungsrecht, Entscheidungen des Bundesverfassungsgerichts Bd. 38, S. 128-138

[4] Féaux de la Croix, Werdegang des Entschädigungsrechts, S. 202

[5] Foreign Relations of the United States 1951, Vol. III,2, S. 1532 f.; Goschler, Wiedergutmachung, S. 303 f.

Bei der Novellierung des Bundesentschädigungsgesetzes wurde 1956 die Anspruchsberechtigung erweitert, allerdings fast ausschließlich für Deutsche. Für nach 1953 über die Bundesrepublik ausgewanderte »Ostverfolgte« gab es nur Pauschalbeträge. Damit war das Entschädigungsrecht eindeutig als Fürsorgerecht für Deutsche und nicht als Schadensersatzrecht für NS-Verfolgte in Europa qualifiziert.

Am 21. Juni 1956 protestierten die Regierungen von Belgien, Dänemark, Frankreich, Griechenland, Großbritannien, Luxemburg, Norwegen und der Niederlande, also von acht Nato-Staaten, gegen den Ausschluss ihrer Bürger von der westdeutschen Entschädigungsregelung. Schweden, Österreich und die Schweiz schlossen sich an. Frankreich verwies in seinem Protest auf die französischen Zwangsarbeiter und KZ-Häftlinge, die nach 1945 naturgemäß keinen Wohnsitz im Bundesgebiet vorweisen konnten. Deren Ansprüche hatte die französische Regierung zuvor erfolglos bei den Verhandlungen über den Überleitungsvertrag 1951 und über das Londoner Schuldenabkommen 1952 geltend gemacht.

Der Vertreter des britischen Botschafters in Bonn war selbst ein Betroffener, er hatte bis 1940 auf einer der zu Großbritannien gehörenden Kanalinseln gelebt und war von dort in das Deutsche Reich deportiert worden. Die Briten beanstandeten, dass in Deutschland Verfolgte, die nunmehr britische Staatsbürger seien und in Großbritannien wohnten, von Entschädigungsleistungen ausgeschlossen seien. Die Vertreter der Westmächte verwiesen auch darauf, dass Bonn beim Israel-Vertrag auf Wohnsitzklauseln verzichtet habe. Die Begründung für den Entschädigungsanspruch habe man nicht im Wohnsitz, sondern in der un-

menschlichen und völkerrechtswidrigen Behandlung zu suchen. Zunächst versuchte der Abteilungsleiter im Auswärtigen Amt, Karl Carstens, die Botschafter der elf Länder mit
juristischen Ausführungen über den Unterschied zwischen
innerstaatlichem Entschädigungsrecht und gemäß Londoner Schuldenabkommen zurückgestellten Reparationen ab-
zuwimmeln. Er verwies auch darauf, dass die drei Westmächte für die »Westverfolgten« im Überleitungsvertrag
keine Entschädigungsansprüche vereinbart hätten. Doch
dann bemühte sich Bonn, die Frage unter Zurückweisung
von Rechtsansprüchen und Ablehnung diplomatischer Verhandlungen auf caritativem Weg über eine mit 100 Millionen Mark ausgestattete Stiftung, in die auch Industrie, Länder und Verbände einzahlen sollten, zu lösen. Hier wurde
das Jahrzehnte später realisierte Modell der Entschädigung
über eine Stiftung entworfen. Die elf Regierungen lehnten
den Vorschlag mit der plausiblen Begründung ab, »der au-
ßergewöhnliche und völkerrechtswidrige Charakter des
Konzentrationslagersystems« habe »den Opfern dieses Sys-
tems einen Anspruch auf Entschädigung gegeben«.[6] Die Beratungen in Bonn zogen sich über Monate hin.

Als schließlich eine Ministerrunde und dann das Bun-
deskabinett über mögliche Reaktionen berieten, hatte sich
die außenpolitische Lage verändert. Die Sowjetunion hatte
im November 1958 ihr Berlin-Ultimatum verkündet und
Bonn war jetzt auf die Solidarität seiner Nato-Verbündeten
besonders angewiesen. Daher erklärte sich die Bundesregierung bereit, mit den einzelnen Ländern Globalabkommen über zumindest bescheidene Entschädigungsbeträge
für NS-Verfolgte zu schließen. Die Verträge änderten aber

6 Féaux de la Croix, Werdegang des Entschädigungsrechts, S. 206

nichts am Rechtsvorbehalt Bonns, nur aus humanitären Erwägungen, nicht aus Rechtsgründen zu zahlen. Bonn überließ es den einzelnen Staaten, die global gezahlten Gelder nach landeseigenen Kriterien zu verteilen, unabhängig vom deutschen Verfolgungsbegriff auch an Zwangsarbeiter. Im Bundestag wurde über die Verträge kaum debattiert. Nur bei den Verträgen mit Norwegen und Dänemark gab der SPD-Abgeordnete Herbert Wehner zu Protokoll, seine Fraktion werde sich der Stimme enthalten, weil sie nicht den Eindruck habe, dass Bonn bei der Entschädigung bis an die Grenze des Möglichen gegangen sei.[7] Die Beamten des Finanzministeriums Rumpf und Féaux de la Croix, die die wichtigsten Teile des sechsbändigen Wiedergutmachungswerks verfassten, entwerteten die Globalverträge Bonns noch weiter durch den Hinweis, man habe einflussreiche Gruppen jüdischer und anderer Verfolgter aussöhnen müssen und so die Möglichkeiten der Störung der bilateralen Beziehungen vermeiden können, die durch die von diesen Gruppen beeinflussten Massenmedien ausgehen konnten.[8] Hier taucht, wenn auch noch verhalten, das alte NS-Feindbild von der gefährlichen jüdischen Weltpresse wieder auf.[9]

Das Territorialitätsprinzip des Bundesentschädigungsgesetzes blieb durch die Globalverträge unangetastet. Die kleineren Länder mussten sogar noch Abgeltungsklauseln hinnehmen, in denen sie ausdrücklich erklärten, dass mit diesen einmaligen Zahlungen alle Forderungen ihrer Bürger wegen NS-Verfolgung abgegolten seien. So blieb es bei dem

---

[7] Deutscher Bundestag, Sten. Berichte 3/S. 5749
[8] Féaux de la Croix und Rumpf, Werdegang des Entschädigungsrechts, S. 334
[9] Tutas, Herbert E.: Nationalsozialismus und Exil, München 1975, S. 23

Grundsatz: Ausländer ohne Wohnsitz im Inland sind nach dem subjektiv-personalen Territorialitätsprinzip in der Regel von Ansprüchen nach dem Bundesentschädigungsgesetz ausgeschlossen.

9.

Zwangsarbeitsunternehmen haften nicht gegenüber Zwangsarbeitern

Am 1. August 1950 erschienen in allen großen westdeutschen Zeitungen Anzeigen der I.G. Farbenindustrie in Liquidation mit der Aufforderung, alle bis 1945 entstandenen und nicht erfüllten Forderungen bis Jahresende beim »Tripartite I.G. Farben Control Office«, einer alliierten Dienststelle in Frankfurt, anzumelden.[1] Ende November wandte sich Norbert Wollheim, stellvertretender Vorsitzender der Arbeitsgemeinschaft der norddeutschen Jüdischen Gemeinden in Lübeck, an den Frankfurter Rechtsanwalt Henry Ormond mit der Bitte, seine Forderungen gegen die I.G. Farben geltend zu machen. Wollheim stammte aus Berlin und war von Beruf Schweißer, da ihm nach 1933 als Jude die Zulassung zum Studium verwehrt worden war. 1943 war er bei einer Razzia zusammen mit seiner Familie verhaftet und nach Auschwitz deportiert worden. Seine Frau und sein Kind wurden gleich nach der Ankunft »selektiert« und ermordet. Ihn hatte die SS ins Lager Auschwitz-Monowitz verbracht, wo er 22 Monate im Buna-Werk der I.G.

[1] Ferencz, Benjamin B.: Lohn des Grauens. Die verweigerte Entschädigung für jüdische Zwangsarbeiter. Ein Kapitel deutscher Nachkriegsgeschichte. Übersetzt aus dem Amerikanischen v. Ruth Treudt, Frankfurt a. M. u. New York 1981, S. 59-97; Benz, Wolfgang: Der Wollheim-Prozeß. Zwangsarbeit für I.G. Farben in Auschwitz, in: Herbst u. Goschler, Wiedergutmachung, S. 303-326; Borkin, Joseph: Die unheilige Allianz der I.G. Farben. Aus dem Englischen v. Bernhard Schulte, Frankfurt a.M. u. New York 1979

Farben als Zwangsarbeiter eingesetzt war, bis Auschwitz vor dem Herannahen der Roten Armee geräumt und die Häftlinge nach Bergen-Belsen geschafft wurden, wo sie im April 1945 ihre Befreiung erlebten.

Ormond nahm den Fall an. Er war selbst ein NS-Verfolgter. Bis 1933 war er unter seinem Geburtsnamen Hans Jakobsohn Richter am Landgericht Mannheim gewesen, nach der Entfernung aus dem Amt hatte er sich bis 1938 als Justiziar einer Frankfurter Kohlengroßhandlung durchschlagen können, war dann verhaftet und später aus dem KZ Dachau mit der Auflage entlassen worden, sofort auszuwandern. 1945 war er aus dem Exil als britischer Kontrolloffizier Henry Ormond zurückgekehrt und hatte in der Nachrichtenkontrolle an der Lizenzvergabe mitgewirkt, unter anderem an der Lizenzvergabe für den »Spiegel«. Bei seiner Tätigkeit als »interrogation-officer« hatte er an der Sammlung der Materialien für den Nürnberger Hauptkriegsverbrecherprozess mitgewirkt. Er wusste auch, dass es umfangreiche Ermittlungen der US-Militärregierung gegen die I.G. Farben gegeben hatte.[2] Außerdem waren im Nachfolgeprozess zum Hauptkriegsverbrecherprozess, dem Fall 6 gegen das Führungspersonal der I.G. Farben, 13 leitende Angestellte wegen Sklavenarbeit zu Gefängnisstrafen verurteilt worden. Der Prozessstoff für eine Klage gegen die I.G. Farben war durch die »Vorarbeit« der US-Dienststellen und des Militärgerichtshofs bestens aufbereitet.

Um das Prozesskostenrisiko zu begrenzen, schränkte Ormond 1951 die Klage gegen die I.G. Farben vor dem

---

[2] Office of Military Government for Germany, United States (OMGUS): Ermittlungen gegen die I.G. Farbenindustrie AG, übersetzt und bearbeitet von der Dokumentationsstelle zur NS-Sozialpolitik Hamburg, Nördlingen 1986

Landgericht Frankfurt auf die Forderung von 10 000 D-Mark vorenthaltenen Arbeitslohn und Schmerzensgeld wegen der unmenschlichen Behandlung ein.

Das Gericht zog die Nürnberger Akten bei und vernahm Zeugen des Klägers und der Beklagten. Die Zeugen des Klägers schilderten die unmenschliche Behandlung, Unterbringung und Verpflegung im Lager. Die brutalen Antreibermethoden in der I.G. Farben-Fabrik hätten die Lage der Zwangsarbeiter weiter verschlechtert. Die Vorarbeiter der I.G. Farben hätten nicht einmal die geltenden Arbeitsschutzbestimmungen eingehalten, auf das Arbeitstempo gedrückt und Zwangsarbeiter brutal zusammengeschlagen. Es sei zu grotesken Situationen gekommen, wenn die SS habe einschreiten müssen, um Zwangsarbeiter gegen das I.G. Farben-Personal zu schützen. Die Zeugen der Beklagten sagten aus, dass Verhaftung, Unterkunft und Verpflegung Sache der SS gewesen seien. Ohne die Arbeit in der I.G. Farben-Fabrik hätten weder der Kläger noch viele andere Zwangsarbeiter überlebt. Im Werk sei außerdem die berühmte »Buna-Suppe« verabreicht worden, die eine nahrhafte Köstlichkeit gewesen sei. Nach Aussagen der Empfänger jedoch habe es schon trotz Hungers Überwindung gekostet, die Suppe zu essen. Bereits beim Anheben des Deckels des Suppenkessels habe es gestunken, so die Entgegnung eines anderen Zeugen. Die Beklagte versuchte zu beweisen, dass sie nur ausführendes Organ der SS gewesen sei, der es darum gegangen sei, die kriegswirtschaftlichen Aufgaben zu erfüllen. Außerdem habe die Firma eine Vergütung an die SS bezahlt, die mehr als die Arbeitsleistung der Zwangsarbeiter wert gewesen sei. Die Firma habe sich auch deswegen nicht bereichert, weil sich das ganze Unternehmen Auschwitz-Monowitz kommerziell als Fehlschlag erwiesen habe.

Am 10. Juni 1953 erging das Urteil. Die I.G. Farben in Liquidation wurde verurteilt 10 000 D-Mark als Schadensersatz und Schmerzensgeld an den Kläger zu zahlen. Das Gericht bewertete die Behandlung im I.G. Farben Werk als gesundheitsverletzenden Eingriff in das Leben des Zwangsarbeiters. Die Beklagte habe sich zumindest der Unterlassung schuldig gemacht, nicht alles, was sie zu Gunsten der Häftlinge hätte tun können, unternommen zu haben. Darüber hinaus habe sie ihre Fürsorgepflicht verletzt. Ob auch ein arbeitsrechtliches Vertragsverhältnis zwischen den Parteien zu Stande gekommen sei, der Kläger also zur Gefolgschaft im Sinne des Arbeitsordnungsgesetzes von 1933 gehört habe, ließ das Gericht offen.

Das Urteil erzielte eine große Publizität. Bei wirtschaftsfreundlichen Blättern wie der »Deutschen Zeitung und Wirtschaftszeitung« oder der »Zeit« wurde es als Katastrophe gewertet. Wiedergutmachungsansprüche, nach den Normen des Bürgerlichen Gesetzbuchs bewertet, würden schon aus quantitativen Gründen die staatliche und gesellschaftliche Ordnung aus den Angeln heben. Die »New York Times« bezeichnete dagegen das Urteil begeistert als bahnbrechend. Der Wiedergutmachungsexperte Otto Küster empfahl in der »Stuttgarter Zeitung«, das Urteil als Lehrstück im Rechtsunterricht an Schulen zu verwenden. Binnen weniger Wochen meldeten sich 2300 weitere Monowitz-Zwangsarbeiter bei Rechtsanwalt Ormond mit der Bitte, ebenfalls ihre Interessen gegenüber der I.G. Farben zu vertreten. Die Kosten der vorstellbaren Prozesslawine sprengten die Möglichkeiten eines einzelnen Rechtsanwalts. Ormond bemühte sich daher um die Absicherung durch die Claims Conference.

Die Claims Conference scheute zwar auch das Kostenrisiko von über 2000 Prozessen, wollte aber auf jeden Fall den Wollheim-Prozess durchfechten. Vielleicht – so die Kalkulation – gab es die Möglichkeit eines Vergleichs für alle I.G. Farben-Fälle.

Die I.G. Farben wollte erst einmal Zeit gewinnen und legte gegen das Urteil Berufung ein. Mit einem Einzelurteil über 10 000 D-Mark hätte sie keine Probleme gehabt, die Aussicht, Millionenbeträge an frühere Zwangsarbeiter nicht nur aus dem Betrieb Auschwitz-Monowitz, sondern vielleicht auch aus anderen Betrieben zahlen zu müssen, schreckte sie jedoch. Also entschied sie sich für drei Wege, um aus der Sache herauszukommen. Der erste war die Berufungsklage. Der zweite Weg bestand in der Annahme des Angebots der Claims Conference Vergleichsverhandlungen zu führen. Zum Dritten sollte versucht werden, während der Berufungsprozess vor dem Oberlandesgericht zu Gunsten von Vergleichsverhandlung ausgesetzt war, hinter den Kulissen durch Einwirkung auf die Gesetzgebungsorgane dem Prozess die rechtliche Grundlage zu entziehen.

Die Vorstellungen der Claims Conference und der I.G. Farben über die Vergleichssumme lagen weit auseinander. Die Claims Conference rechnete vor, dass etwa 10 000 ehemalige Zwangsarbeiter einen vergleichbaren Anspruch auf eine Entschädigung von 10 000 D-Mark hätten, also ein Betrag von 100 Millionen D-Mark zu leisten wäre. Die I.G. Farben wollte aber – wenn überhaupt – allenfalls 10 Millionen D-Mark zahlen. Sie verfolgte nämlich vorrangig das Ziel, den rechtlichen Anspruch auf Zahlung durch Einflussnahme auf die Gesetzgebung generell auszuschalten. Eine Möglichkeit dazu bot die gerade von der Bundesregierung dem Bundesrat zugeleitete Novelle zum Bundesentschädigungsgesetz. Die Farbwerke Hoechst in Frankfurt, ein I.G. Farben-Betrieb, versandten mit Begleitschreiben vom 27. Juli 1955 ein zehnseitiges Memorandum, das weder einen Verfassernamen noch ein Datum trug, »Über die Tragweite des Prozesses Wollheim ./. I.G. Farben für die Belastung des öffentlichen Haushalts und der Wirtschaft im Bundesgebiet« an den Bundesfinanzminister und die Länderfinanzminister über die angeblich verhängnisvollen Auswirkungen der dem Urteil zugrunde liegenden »Wollheim-Thesen«.[3] Jetzt hätten die Kommunisten die Möglichkeit, über Schmerzensgeldforderungen aus ihrer politischen Verfolgung Kapital zu schlagen. Die Verfasser malten das düstere Bild einer »nicht vorhersehbaren inneren und äußeren Belastung von Wirtschaft und Finanzen der Bundesrepublik«. Falls das Urteil Bestand habe, müssten die großen Firmen Rücklagen bilden, um derartige Schadensersatzforderungen erfüllen zu können, was zu einem radikalen Rückgang der Steuereinnahmen führen werde. In dem Memorandum wird aber zugleich eine Alternative zu dieser düsteren Zukunftsperspektive angeboten. Die »Wurzel des Übels« liege im § 5 des Gesetzentwurfs (§ 9 BEG von 1953). Die Fassung dieser Vorschrift habe dem Bundesgerichtshof die Auslegung ermöglicht, daß neben dem öffentlich-rechtlichen Entschädigungsanspruch auch ein privatrechtlicher Schmerzensgeldanspruch gegen die in die Verfolgung in KZ-Lagern und beim Arbeitseinsatz verstrickten Stellen, Personen und Gesellschaften bestehe. »Zur Abwendung der aufgezeigten allgemeinen Gefahren« sei es unerlässlich, diese Vorschrift zu ändern. Bedenken dagegen ergäben sich aus internationalen Verträgen nicht, denn im

---

[3] Memorandum über die Tragweite des Prozesses Wollheim ./. I.G. für die Belastung des öffentlichen Haushalts und der Wirtschaft, Abschrift im Archiv der sozialen Demokratie, SPD-BT-Fraktion, 2. WP, Mappe 260

Überleitungsvertrag und im Haager Protokoll Nr. 1 hätte sich die Bundesrepublik nur verpflichtet, die von Staats wegen gewährte Entschädigung nicht zu verschlechtern. Das Memorandum verweist dann auf Art. 5 Abs. 2 des Londoner Schuldenabkommens. Darin sei eine Rückstellung der Forderungen gegen das Reich oder im Auftrage des Reichs handelnde Stellen vorgesehen. Nach der ganzen Organisation der Zwangswirtschaft während des Krieges müssten Unternehmen, die im Zuge des Arbeitseinsatzes KZ-Häftlinge oder Zwangsarbeiter beschäftigt hätten als derartige »Stellen oder Personen« angesehen werden. Man müsse nur den § 9 Abs. 1 des Gesetzentwurfs so umformulieren: »Ansprüche auf Entschädigung aller Art, die auf nationalsozialistischen Gewaltmaßnahmen beruhen, können ... gegen die in § 1 Abs. 3 aufgeführten Personen des öffentlichen Rechts oder gegen in deren Auftrag handelnde Stellen oder Personen nur nach den Vorschriften dieses Gesetzes geltend gemacht werden...«.[4]

Einfacher formuliert hätte der Absatz auch lauten können: »Unternehmen, die wie die I.G. Farben Zwangsarbeiter oder KZ-Häftlinge beschäftigt haben, haften nicht für deren Entschädigung, Lohn und Schmerzensgeld«. Im Wiedergutmachungsausschuss des Bundesrats fand der I.G. Farben-Vorschlag in einer leicht veränderten Fassung eine Mehrheit und wurde vom Plenum des Bundesrats ohne Aussprache so beschlossen. Das war ein ungeheuerlicher Vorgang. Nachdem aber der Journalist Kurt R. Grossmann das Memorandum in die Hände bekommen und öffentlich angeprangert hatte,[5] griff der SPD-Abgeordnete Otto-

---

[4] Memorandum, S. 9
[5] Grossmann, Kurt R.: Die Ehrenschuld. Kurzgeschichte der Wiedergutmachung, Frankfurt/M. und Berlin 1967, S. 96

Heinrich Greve am 14. Dezember 1955 im Plenum des Bundestages den Fall auf. Da seien »berüchtigte Kreise des Bundesrats, die die Wiedergutmachungspolitik der Bundesrepublik zu torpedieren versuchen« am Werk. Hier versuche eine Prozesspartei, den Gesetzgeber vor ihren Karren zu spannen, »dem Prozess den Faden abzuschneiden«.[6] Seinen Hauptvorwurf richtet Greve an die Herren aus den Bundesministerien, die als Aufsichtsratsmitglieder großer und größter Gesellschaften versucht hätten, den Bundestag zum Büttel von Interessentenhaufen zu degradieren. Nach dieser Rede konnte der Bundestag der vorgeschlagenen Änderung, die selbst nach Ansicht von Experten des Finanzministeriums rechtswidrig war, nicht zustimmen.

Die I.G. Farben war nunmehr bereit, einen Vergleich mit der Claims Conference über 30 Millionen Mark abzuschließen. Der Vertrag enthielt aber eine Klausel, dass die I.G. Farben ohne Anerkennung einer Rechtspflicht zahlte und die Zahlung nur erfolge, wenn der Bundestag durch ein Aufrufgesetz feststelle, dass Forderungen von Zwangsarbeitern nur dann berücksichtigt werden können, wenn sie ihre Ansprüche bis Ende des Jahres 1957 anmeldeten. Damit sollte sichergestellt werden, dass alle, die sich meldeten, gleichmäßig aus dem 30-Millionen-Mark-Fonds entschädigt würden, alle die den Termin versäumten, aber leer ausgingen. Der Bundestag ließ sich auf diese Regelung ein, das Gesetz wurde am 27. Mai 1957 verkündet.

Tatsächlich war der Wollheim-Fall der bedeutendste, in dem ein Gericht Zwangsarbeitern Entschädigung durch das Unternehmen zusprach. Die meisten Gerichte wiesen

[6] Deutscher Bundestag, Sten. Berichte, 2/S. 6333 f.

entsprechende Klagen ab. Zur Vermeidung von Klagen vor Arbeitsgerichten, in denen Kläger keine Prozesskostenvorschüsse zahlen müssen, entschied das Bundesarbeitsgericht, dass die Arbeitsgerichte nur für Rechtsstreitigkeiten aus freien, also aus Gleichordnung hervorgegangenen Arbeitsverhältnissen zuständig seien.[7]

Ein anderer juristischer Trick bestand darin, einem Zwangsarbeiter keinen Geldwertanspruch, sondern nur einen durch die Währungsreform abgewerteten Geldsummenanspruch zuzuerkennen, wie im Fall von Adolf Diamant.

Der Metallarbeiter Adolf Diamant aus Frankfurt hatte von dem Fall Wollheim gehört und versuchte jetzt ebenfalls, seinen Lohn einzuklagen. Er stammte aus Chemnitz und war als Jude zunächst nach Lodz (Postanschrift »Litzmannstadt-Getto«) und von dort in das KZ Auschwitz-Birkenau deportiert worden. Dort waren überraschend Werksvertreter der Firma Büssing erschienen, die gelernte Metallarbeiter suchten. So war Diamant in ein Außenlager des KZ Neuengamme nach Braunschweig gelangt, wo die Firma Büssing bis zum April 1945 für die Wehrmacht Lastkraftwagen hergestellt hatte. Diamant wollte jetzt wie Wollheim von der Firma Büssing, deren Busse überall in der Bundesrepublik fuhren, seinen ausstehenden Lohn einklagen. Die Firma hatte ihm zunächst sogar eine Bescheinigung über seine Arbeit ausgestellt, die er angeblich für die Rentenversicherung benötigte. Als Diamant aber vor dem Landgericht Braunschweig auf Lohnzahlung klagte, bezweifelte die Firma Büssing, dass Diamant überhaupt Deut-

---

[7] Urteil des Bundesarbeitsgerichts v. 15. 2. 2000 Az.:5 AZB 71/99 und andere), in: Süddeutsche Zeitung v. 17. 2. 2000

scher sei und nicht etwa israelischer Staatsbürger, dessen Klage nach dem Londoner Schuldenabkommen zurückgestellt werden müsse. Das Landgericht schob diese Bedenken beiseite und erhob sorgfältig Beweis über die 1778 Arbeitsstunden, die Diamant bei der Firma abgeleistet hatte. Für jede Stunde wäre ein Lohn von 1 Reichsmark zu zahlen gewesen. Im Urteil vom 20. Juni 1965 stellte das Landgericht fest, dass die Lohnsummenforderung von 1778 Reichsmark nach dem Gesetz über die Währungsreform von 1948 im Verhältnis von 10 : 1 in D-Mark umzustellen sei, die beklagte Firma also 177,80 D-Mark zu zahlen habe. Büssing hat gegen das Urteil keine Rechtsmittel eingelegt. Der ehemalige Zwangsarbeiter Adolf Diamant hatte seinen Prozess »gewonnen«.[8]

In der Regel wurden die Klagen gegen Firmen jedoch mit der in dem Industrie-Memorandum vom Juli 1955 vorgegebenen Begründung abgewiesen. Das Resümee Ulrich Herberts: »Durch die Rechtspositionen der Bundesregierung und die entsprechenden Gerichtsurteile sind die privaten Unternehmen von jeder Entschädigungspflicht befreit.«[9]

[8] Ferencz, Lohn des Grauens, S. 214-216
[9] Herbert, Nicht entschädigungsfähig?, in: Herbst u. Goschler, Wiedergutmachung, S. 302

10.

Zukunftsaufgaben haben den Vorrang vor Vergangenheitsaufgaben

Seit Mitte der 50er Jahre tauchte in der politischen Diskussion das Begriffspaar Zukunftsaufgaben – Vergangenheitsaufgaben als Gegenpole auf. Verkehrsinvestitionen, Wiederaufrüstung und Entwicklungshilfe wurden Entschädigungsleistungen für Kriegsopfer und NS-Verfolgte entgegengesetzt. Zukunftsaufgaben sollten den Vorrang vor Vergangenheitsaufgaben erhalten. »Die Gefahren einer Entschädigungspolitik, die ständig neue Gruppen von Interessenten mit ihren Wünschen zulässt, die also der Agitation dafür dauernd Tor und Tür öffnet, waren klar zu erkennen«, agitierte Ernst Féaux de la Croix, einer der führenden Entschädigungsexperten des Bundesfinanzministeriums.[1] Für die Beschränkung von Entschädigungsforderungen gab es drei Möglichkeiten. Die erste bestand darin, die Geltendmachung der Forderungen in eine unbestimmte Zukunft zu verweisen, so wie beim Londoner Schuldenabkommen 1953 hinsichtlich der Reparationen, zu denen die Forderungen ausländischer Zwangsarbeiter gerechnet wurden, verfahren worden war. Die zweite und in der Form radikalere Möglichkeit war, Forderungen durch Gesetz zum Erlöschen zu bringen, und endlich konnte man durch ein Schlussgesetz den bis dato erreichten Stand »ein-

---

[1] Féaux de la Croix, Ernst: Kommentar zum Allgemeinen Kriegsfolgengesetz, Stuttgart 1959, S. 7

frieren«. Das Kriegsfolgenschlussgesetzes von 1957 enthielt die beiden letzen Varianten.

Die Bundesregierung hatte sich im Londoner Schuldenabkommen, das die äußeren Reichsschulden regelte, verpflichtet, einen Gesetzentwurf über die inneren Reichsschulden vorzulegen. Hinsichtlich des aktiven Vermögens stellt Art. 134 GG von 1949 lapidar fest: »Das Vermögen des Reiches wird grundsätzlich Bundesvermögen.« Tatsächlich hatte der Bund nur das Vermögen des Reiches innerhalb der Grenzen der westlichen Besatzungszonen übernommen. Die Frage nach den Schulden des Reichs war offengeblieben. Das Deutsche Reich hatte 1945 auch einen Berg von 800 Milliarden inneren Schulden hinterlassen. Zur Hälfte waren dies öffentliche Anleihen. Die andere Hälfte bestand aus sehr unterschiedlichen Forderungen, von unbezahlten Rechnungen für Rüstungslieferungen bis zu Ersatzansprüchen wegen Verletzung von Leben, Körper, Gesundheit oder Freiheit.

Am 29. September 1955 brachte Finanzminister Schäffer den Entwurf eines Gesetzes zur abschließenden Regelung der durch den Krieg und den Zusammenbruch des Deutschen Reiches entstandenen Schäden ein. Der Entwurf wurde ausdrücklich als Schlussgesetz bezeichnet. Schäffer nannte als Grundgedanken den § 1, wonach »Ansprüche gegen das Deutsche Reich ... erlöschen, soweit dieses Gesetz nichts anderes bestimmt«. Zur Rechtfertigung dieses radikalen Schnitts verwies der Minister darauf, dass das Deutsche Reich 1945 praktisch Konkurs gemacht habe. Da die Gesamtsumme ungewöhnlich hoch sei, der Bund aber nur 200 Millionen jährlich für die Bedienung eines Bruchteils der sehr unterschiedlichen Forderungen aufbringen könne, sei es sachgerecht, keine Konkursquoten zu bilden, wie das sonst üblich sei.[2] (Bei der Einzelzwangsvollstreckung erlangt der am meisten, der am schnellsten handelt, im Konkurs gilt dagegen der Grundsatz der gleichen Befriedigung aller Gläubiger in Höhe einer bestimmten Quote an der Konkursmasse.) Zur Absicherung dieses Gesetzes, das in den Folgen wie eine Enteignung wirkte, wurde noch ein Zusatzartikel in das Grundgesetz aufgenommen.

Zu den Ansprüchen, die es zu erfüllen galt, gehörten nach § 5 Abs. 1 Ansprüche, die auf der Verletzung von Leben, Körper, Gesundheit und Freiheit beruhten, jedoch schrieb § 5 Abs. 2 vor, dass Abs. 1 nicht anwendbar sei auf Schäden, die auf »nationalsozialistischen Gewaltmaßnahmen im Sinne des § 2 des Bundesentschädigungsgesetzes beruhen«. Da deutsche Zwangsarbeiter nicht als NS-Verfolgte im Sinne jenes Gesetzes galten, fielen ihre Lohnansprüche gegen das Reich unter das Allgemeine Kriegsfolgengengesetz (AKG), wie die amtliche Gesetzesbezeichnung von 1957 lautete. Dieses Gesetz sah für diese Art nichtverbriefter vermögensrechtlicher Ansprüche keine Zahlungspflicht vor, also waren sie nach § 1 AKG erloschen.[3] Die Frage von Ansprüchen gegen die Firmen blieb weiterhin gesetzlich ungeregelt.

Den Zwangsarbeitern blieb nur die Hoffnung, dass vielleicht bei einer Novellierung des Bundesentschädigungsgesetzes ihre Ansprüche berücksichtigt werden würden. Aber gerade eine Änderung des Bundesentschädigungsgesetzes, das 1956 novelliert worden war, versuchte das Finanzministerium für die Zukunft zu verhindern. Falls das

---

[2] Deutscher Bundestag, Sten. Berichte, 2/S. 5685 ff.
[3] Brodesser, Hermann-Josef u.a.: Wiedergutmachung und Kriegsfolgenliquidation. Geschichte – Regelungen – Zahlungen, München 2000, S. 44

gegenüber dem Ausland oder einer Mehrheit von Bundestagsabgeordneten nicht durchzuhalten war, sollte der Entschädigungskomplex mit einem Schlussgesetz abschließend geregelt werden. Das Bundesentschädigungsgesetz musste nach Ansicht der Wiedergutmachungsexperten aller Parteien geändert werden, weil die Wiedergutmachungsämter und die Gerichte in vielen Fällen Anforderungen an den Nachweis der Verfolgung stellten, die überhaupt nicht erfüllt werden konnten. Wie sollte eine jugendliche Überlebende von Auschwitz, die im KZ mit ansehen musste, wie ihre Familie den Tod fand, und die ihre Häftlingsnummer eingeätzt trug, zwei Zeugen dafür beibringen, dass sie tatsächlich in Auschwitz interniert gewesen war?[4] Die Zeitschrift »Die Gegenwart« druckte ein Skandalurteil des Landgerichts Frankenthal vom Dezember 1956 sogar im Wortlaut ab. Darin war einer von der Gestapo verhafteten und in das KZ Theresienstadt verschleppten Frau der Anspruch auf eine Rückkehrer-Soforthilfe mit dem Argument aberkannt worden, hier liege keine Deportation vor. Der CDU-Abgeordnete Franz Böhm schrieb einen Kommentar dazu.[5] Böhm beklagte, dass die Auslegung des Begriffs Deportation, also die Verbringung in ein KZ außerhalb des Reichsgebiets nach Theresienstadt oder Auschwitz, in den Bundesländern unterschiedlich sei. In manchen Ländern versuche man mit juristischen Wortklaubereien die Mehrzahl der Deportierten abzuweisen, weil die Zahl der Soforthilfeanträge über den Schätzungen der Behörden liege. Diese »fehlerhafte Gesetzesauslegung« müsse abgestellt werden.

---

[4] Grosser, Alfred: Die Bonner Demokratie, Düsseldorf 1960, S. 273
[5] Deportation im Urteil eines deutschen Gerichts, in: Die Gegenwart 1957, S. 111 f.; Böhm, Franz: Was ist Deportation? in: ebenda S. 166 f.

»Um keine neue Einbruchselle für neue, weitgehende materielle Forderungen zu schaffen«, schreibt Féaux de la Croix, hätten sich sein Haus und die Länderfinanzminister für den »stillen Weg« einer Verwaltungsvereinbarung entschieden. Für das vielleicht unumgängliche Gesetzgebungsverfahren hatte das Finanzministerium zwei Alternativen ausgearbeitet, eine kostenneutrale Änderungsliste A und eine Änderungsliste B, die über eine Milliarde D-Mark Kosten verursachen würde. Die Liste B sollte gemäß Absprache zwischen den Wiedergutmachungsreferenten von Bund und Ländern möglichst nicht in die Hände der Bundestagsabgeordneten gelangen.[6] Doch im selben Jahr erhielt das Thema Wiedergutmachung für NS-Verfolgung ungewollte Publizität durch die Verhaftung des Judenmörders Eichmann und den anschließenden Prozess in Jerusalem. Die Claims Conference legte der Bundesregierung einen Forderungskatalog mit 32 Punkten zur Gesetzesänderung vor. Bundestag und Bundesrat traten jetzt ebenfalls für eine Novellierung ein.

Zum Anwalt der Interessen der als staatenlose Flüchtlinge in Westeuropa lebenden ehemaligen Zwangsarbeiter machte sich der Hohe Kommissar für Flüchtlingswesen der Vereinten Nationen in Bonn. Im Weltflüchtlingsjahr 1960 gelang es ihm, ein Abkommen mit dem Auswärtigen Amt über verbesserte Entschädigung von Nationalverfolgten und einen zusätzlichen UN-Hilfsfonds abzuschließen.[7] In einer zusätzlichen Niederschrift wurde erstmalig eine

---

[6] Féaux de la Croix, Werdegang des Entschädigungsrechts, S. 95 ff.
[7] Abkommen zwischen dem Hohen Kommissar der Vereinten Nationen für Flüchtlinge und der Regierung der Bundesrepublik Deutschland betreffend Leistungen zugunsten von Nationalgeschädigten v. 5. Oktober 1960, in: Schirilla, Wiedergutmachung für Nationalgeschädigte, S. 54 f.

Definition des Begriffs »Nationalgeschädigter« getroffen und eine Art amtliche Vermutung aufgestellt, dass eine unter Missachtung der Menschrechte verursachte Gesundheitsschädigung als Schädigung aus Gründen der Nationalität anzusehen sei. Dieses Abkommen sollte in die Novelle zum Bundesentschädigungsgesetz eingearbeitet werden.

In der Regierungserklärung der dritten Regierung Adenauer, die von Vizekanzler Erhard verlesen wurde, wurde als Programmpunkt ein Wiedergutmachungs-Schlussgesetz angeführt. Am 14. November 1963 brachte Finanzminister Rolf Dahlgrün (FDP) den Regierungsentwurf im Bundestag ein. Dabei verwies er eingangs darauf, dass die Bundesrepublik keineswegs für die gesamten Schulden des Deutschen Reiches haften müsse, um dann zur Sparsamkeit bei der Wiedergutmachung aufzufordern: »Wir würden diesem Volk, ja der ganzen Welt gegenüber verantwortungslos handeln, wenn wir um der Ordnung der Vergangenheit willen Aufgaben und Pflichten der Gegenwart vernachlässigen, die sich unabweisbar stellen.«[8]

Die Forderungen der am Gesetzgebungsverfahren Beteiligten oder Interessierten, vom Finanzministerium bis zu den Verfolgtenorganisationen, bewegten sich zwischen einer völligen Neuordnung des Entschädigungsrechts und kostenneutralen kosmetischen Änderungen. So wuchs das von der Regierung auf höchstens 3 Milliarden D-Mark geschätzte Änderungsvolumen auf 4,5 Milliarden. Das Finanzministerium und die Koalitionsmehrheit von CDU/ CSU und FDP achteten bei allen Änderungen darauf, dass die bisherige Systematik erhalten blieb, also Zwangarbeiter

[8] Deutscher Bundestag, Drucksachen, 4/1550,1549; Deutscher Bundestag, Sten. Berichte, 4/S. 4406 f.

nicht als NS-Verfolgte einbezogen wurden. Der CDU-Abgeordnete Franz Böhm beklagte: »Früher, auch zur Zeit der Verfolgung, hieß es: Ein Reich, ein Volk, ein Führer, eine Verfolgung. Heute ist der Wiedergutmachungsanspruch vielfach von den Zufälligkeiten des positiven Rechts, an die wir auch nicht gedacht haben, abhängig, so dass neue Ungerechtigkeiten entstanden sind.«[9]

Der SPD-Abgeordnete Martin Hirsch bekannte in dem Abschlussbericht des Wiedergutmachungsausschusses 1965, dass es wünschenswert gewesen wäre, das Entschädigungsrecht für die Nazi-Opfer neu zu gestalten, um ein wirklich gerechtes Gesetz zu schaffen, »jetzt, im Jahr 1965, das heißt 20 Jahre nach Beendigung der Nazi-Herrschaft ist es aber leider dafür zu spät«.[10] Die SPD-Ausschussminderheit habe dafür plädiert, alle von Deutschland Verfolgten zu entschädigen. Die Ausschussmehrheit habe sich aber nicht dazu entschließen können, den Verfolgtenbegriff in § 1 BEG zu ändern. Insbesondere habe sie sich geweigert, die Verfolgung aus nationalen Gründen in diese Bestimmung aufzunehmen. Man habe aber wenigstens in Artikel IV des Änderungsgesetzes eine Definition des Begriffs Nationalgeschädigter aufgenommen und einen Fonds für diese Gruppe geschaffen.

Als absolut letzter Termin für Entschädigungsanträge wurde in dem Gesetz der 31. Dezember 1969 festgeschrieben. Bundesfinanzminister Dahlgrün unterstrich in der Bundestagsdebatte vom 26. Mai 1965 noch einmal den absurden Standpunkt, dass Wiedergutmachung nur »Staatsunrecht im Inland« betreffe, nicht Entschädigung von Menschen, »die im Zuge der Kriegsereignisse nach der deutschen Besetzung

---

[9] Deutscher Bundestag, Sten. Berichte 4/S. 4416
[10] Deutscher Bundestag, Drucksachen 4/3423, S. 1

fremder Länder in den unheilvollen Strudel der Verfolgung hineingerissen wurden«.[11] Für die nach 1953 über das Bundesgebiet vorwiegend nach Israel ausgewanderten 150 000 »Ostverfolgten« könne daher nur ein Pauschalbetrag von 3000 D-Mark gezahlt werden. Heute müsse ein finanzieller Schlusspunkt gesetzt werden, damit Geld für die Aufgaben frei werde, »die wir nicht versäumen dürfen, wenn wir die Zukunft gewinnen wollen«.

Von der CDU wurde der besondere Charakter dieses Änderungsgesetzes noch dadurch unterstrichen, dass es die neue Bezeichnung »Bundesentschädigungsschlussgesetz« erhielt. Bundestagspräsident Eugen Gerstenmaier überhöhte das Kompromissergebnis mit der Feststellung, das Gesetz sei zwar keine perfekte Lösung, aber »es ist eine patriotische Leistung, weil sie großzügig das in sich verbindet, was Deutschland der Humanität und damit seiner Ehre schuldig ist«.[12] Das Gesetz wurde am 26. Mai 1965 mit großer Mehrheit angenommen. Mit der Verabschiedung dieses Schlussgesetzes erlahmte das Interesse von Bundestag und Bundesrat an weiteren Initiativen in Fragen der Wiedergutmachung für fast 20 Jahre. Die große Mehrheit der Zwangsarbeiter, die bisher nicht entschädigt worden waren, blieb auch weiterhin von Zahlungen ausgeschlossen – zu Gunsten der Finanzierung der »Zukunftsaufgaben« wie der Wiederaufrüstung der Bundesrepublik.

---

[11] Deutscher Bundestag, Sten. Berichte 4/S. 9468 ff., 9470
[12] Deutscher Bundestag, Sten. Berichte, 4/S. 9478 f.

11.

Polnische Zwangsarbeiter müssen sich den Wert der Oder-Neiße-Gebiete anrechnen lassen

Nach den Ereignissen vom 17. Juni 1953 reiste im August des Jahres eine Regierungsdelegation der DDR nach Moskau, um dort um wirtschaftliche Hilfe nachzusuchen. Eine der Hilfsmaßnahmen bestand in einem sowjetischen Verzicht auf weitere Reparationsleistungen »aus Deutschland« ab 1954. Da die polnischen Reparationsleistungen nach dem Potsdamer Abkommen aus dem sowjetischen Anteil erbracht werden sollten, verzichtete Polen auf sowjetischen Druck hin in einer fast gleichlautenden Erklärung gegenüber der DDR ebenfalls auf weitere Reparationszahlungen aus »Deutschland«. Dieser Reparationsverzicht wurde von der DDR propagandistisch als Kontrastprogramm zum Londoner Schuldenabkommen und zum Israel-Vertrag herausgestellt, wodurch die westdeutsche Arbeiterklasse gezwungen werde, Milliardenbeträge als Preis für die erneute imperialistische Expansion der westdeutschen Monopolbourgeoisie zu zahlen.[1]

Der Umfang des polnischen Reparationsverzichts wurde zwischen der Sowjetunion, Polen und der DDR nicht festgelegt. So blieb ungeklärt, ob davon auch Einzelentschädigungsansprüche von Polen erfasst sein sollten und auch die Bundesrepublik davon begünstigt sei. Als im Juni 1956 acht

---

[1] Stichworte »Londoner Schuldenabkommen« und »Reparation« in: Meyers Neues Lexikon, Leipzig 1963

Nato-Staaten bei der Bundesrepublik gegen den Ausschluss ihrer NS-Verfolgten durch das Bundesentschädigungsgesetz protestierten, war das der Anlass auch für polnische Völkerrechtler, den Reparationsverzicht von 1953 zu überdenken. So veröffentlichte der polnische Deutschlandexperte Alfons Klafkowski 1962 im »Polnischen Jahrbuch für Internationale Angelegenheiten« einen Aufsatz, in dem er darlegte, dass es einen Unterschied zwischen dem kollektiven Reparationsanspruch eines Staates für typische Kriegsschäden und Einzelansprüchen von Opfern der NS-Verfolgung, Zwangsarbeitern und KZ-Häftlingen, gebe. Zugleich wies er darauf hin, dass Polen schon 1947 versucht habe, derartige Ansprüche bei den Alliierten anzumelden. Die polnische Regierung machte sich diese Theorie zu eigen und erwog, für diese Einzelansprüche die Bundesrepublik in die Pflicht zu nehmen.[2] Zwischen Bonn und Warschau gab es seinerzeit keine diplomatischen Beziehungen, die auch nur Gespräche hierüber ermöglicht hätten. Ein zusätzliches polnisches Argument lautete, die DDR hafte nicht für diese Ansprüche, da sie das neue und fortschrittliche Deutschland verkörpere, die Bundesrepublik müsse aber zahlen, weil sie das alte NS-belastete Deutschland fortsetze. Von der Bundesregierung wurde die polnische Entschädigungsforderung nicht als ernsthafter Diskussionspunkt wahrgenommen.

---

[2] Sulek, Jerzy: Die politischen Beziehungen zwischen der Volksrepublik Polen und der Bundesrepublik Deutschland in den siebziger Jahren, in: Bundesrepublik Deutschland – Volksrepublik Polen. Bilanz der Beziehungen, Probleme und Perspektiven ihrer Normalisierung, hrsg. v. Hans-Adolf Jacobsen, Carl-Christoph Schweitzer, Jerzy Sulek und Lech Trzeciakowski, Frankfurt a. M. u. Warschau 1979, S. 131-160, 144 f.

Die Initiative zur Verbesserung der deutsch-polnischen Beziehungen ging nach dem Zweiten Vatikanischen Konzil 1965 von den katholischen Bischöfen aus, die einen Dialog mit ihren polnischen Kollegen suchten. In diesen Zusammenhang gehört ein Memorandum vom März 1969, das das Katholische Büro, die Vertretung der Deutschen Bischofskonferenz bei der Bundesregierung in Bonn, an den Bundestag übermittelte: »Das Problem der Nationalgeschädigten – ein brennendes Anliegen der Friedensarbeit«. Den Text hatte der Mitarbeiter des Büros, Rechtsanwalt Herbert Becher, verfasst. Darin wandte sich die Katholische Kirche gegen die Praxis des Bundesverwaltungsamts, 90 Prozent der Anträge von sogenannten Nationalgeschädigten pauschal abzulehnen. Als Nationalgeschädigte galten nach dem Bundesentschädigungsgesetz von 1956–1953 hießen sie noch Nationalverfolgte – die wegen ihrer Nationalität von den Nazis verfolgten Ausländer, vor allem Polen, die bleibende Gesundheitsschäden davongetragen hatten und als politische Flüchtlinge anerkannt waren. Das Memorandum verwies auch darauf, dass mittlerweile zu den Anträgen anerkannter Flüchtlinge, die im Bundesgebiet lebten, Zehntausende von Anträgen kämen, die ehemalige Zwangsarbeiter aus Polen und der Sowjetunion gestellt hätten. Die schweren Menschenrechtsverletzungen gegen diese Personen erforderten Entschädigungszahlungen der Bundesrepublik über die bisherigen Regelungen hinaus.[3] In der vorletzten Bundestagssitzung der 5. Wahlperiode am 2. Juli 1969 verwandte

---

[3] Schirilla, Laszlo: Wiedergutmachung für Nationalgeschädigte. Ein Bericht über die Benachteiligung von Opfern der national-sozialistischen Gewaltherrschaft, München 1982, S. 139 f.

sich der CDU-Vertriebenenpolitiker Herbert Czaja für die Initiative des Katholischen Büros. Der Abgeordnete verwies auch auf ein neues Urteil des Landgerichts Köln, wonach die Verbringung von unter 18 Jahre alten Personen in jedem Fall als nationaler Verfolgungstatbestand zu bewerten sei. Der Staatsekretär im Finanzministerium Leicht zeigte sich unbeeindruckt. Er sagte zwar eine Überprüfung der von Czaja angesprochenen Einzelfälle zu, verwies aber dann darauf, dass die Verbringung zur Zwangsarbeit nach Deutschland nach geltendem Recht grundsätzlich keine Schädigung aus Gründen der Nationalität darstelle, »denn nach der bisherigen ständigen Rechtsprechung war der kriegsbedingte Arbeitskräftemangel wesentlicher Grund für den unfreiwilligen Arbeitseinsatz ausländischer Arbeitskräfte während des Krieges und nicht deren Nationalität oder Volkszugehörigkeit«.[4] Damit war das Thema wieder einmal erledigt.

Mit der Wahl Willy Brandts zum Bundeskanzler der sozial-liberalen Koalition am 21. Oktober 1969 begann ein neuer Abschnitt in der Politik gegenüber Osteuropa.

Das Ziel der Ostpolitik der neuen Regierung war, durch eine Grenzanerkennung und einen Gewaltverzicht zu einer Entspannung in Europa beizutragen, von der man sich auch Verbesserungen im sogenannten innerdeutschen Verhältnis versprach. Die außenpolitischen Planer waren sich dabei bewusst, dass jede Grenzanerkennung auch das Element eines Friedensvertrages mit Deutschland in sich trage und damit die durch die früheren Verträge zurückgestellte Frage von Reparationszahlungen auf die Tagesordnung bringen könnte. Deshalb sollte bei den Vertragsverhandlungen jeder

---

[4] Deutscher Bundestag, Sten. Berichte, 5/S. 13716-13719

Anschein eines Friedensvertrages vermieden werden.[5] In der Tat wurde die Frage von Entschädigungen und Reparationen von der CDU/CSU-Opposition als Störfeuer gegen die neue Ostpolitik der sozialliberalen Koalition in die Debatte gebracht.[6]

Das primäre Ziel der polnischen Regierung war 1970 die Anerkennung der Oder-Neiße-Grenze durch die Bundesrepublik im Warschauer Vertrag. Als Bundeskanzler Willy Brandt im Dezember 1970 zur Unterzeichnung des Vertrags nach Polen fuhr, wurde er erstmals vom polnischen Parteichef Wladislaw Gomulka darauf angesprochen, dass es nach der Grenzanerkennung noch ein weiteres Problem gebe, die Forderung nach Entschädigung für polnische KZ-Häftlinge und Zwangsarbeiter. Polen habe zwar 1953 auf Reparationen gegen »Deutschland als Ganzes« verzichtet, nicht aber auf Entschädigungen. Er schlug als Entschädigung die Gewährung eines niedrigverzinslichen Großkredits von 10 Milliarden D-Mark vor. Brandt erwiderte, schon wegen des Londoner Schuldenabkommens sei eine auch nur indirekte Entschädigungszahlung problematisch, weil dadurch eine Kettenreaktion von Forderungen ausgelöst werden könne. Das polnische Volk habe im Krieg unsäglich gelitten. Doch nach dem Krieg seien ihm große deutsche Gebiete überantwortet worden, die Flüchtlinge und Heimatvertriebenen hätten Eigentum von einem kaum mehr zu schätzenden Wert zurückgelassen. Hier kam erstmals das »Anrechnungsargument« in die Debatte: Polen müsse sich den Wert der ehemals deutschen Ostgebiete anrechnen

[5] Baring, Arnulf: Machtwechsel. Die Ära Brandt-Scheel, Stuttgart 1982, S. 316f.
[6] Pawlita, »Wiedergutmachung«, S. 427

lassen.[7] Solange Bonn zumindest theoretisch auf dem Heimatrecht der Vertriebenen bestanden hatte, das eine Rückkehr in die Ostgebiete ermöglichen sollte, konnte es nicht gleichzeitig den Verlust dieser Gebiete in eine deutsch-polnische Schadensbilanz einstellen. Auch 1970 konnte das Anrechnungsargument nur vorsichtig eingesetzt werden, weil vermögensrechtliche Fragen im Warschauer Vertrag von 1970 nicht geregelt worden waren. Das stellte das Bundesverfassungsgericht in einem Urteil über die Verfassungsmäßigkeit der Ostverträge 1973 noch einmal ausdrücklich fest. Bonn fand sich dann aber 1972 doch bereit, einen Entschädigungsbetrag für die polnischen Opfer pseudomedizinischer Versuche in KZ's zu zahlen. Gomulkas Nachfolger Edward Gierek führte im März 1972 in einer Rede in Posen aus, mit dem Warschauer Vertrag sei zwar die Grundlage der Normalisierung geschaffen worden, aber die Entschädigung für das dem polnischen Volk zugefügte Unrecht stehe noch aus.

Erst 1975 am Rande der Konferenz von Helsinki über Sicherheit und Zusammenarbeit in Europa einigten sich Edward Gierek und Helmut Schmidt, der 1974 als Nachfolger von Willy Brandt zum Bundeskanzler gewählt worden war, über ein »Paket« von Verträgen und Absprachen. Dazu gehörte ein Vertrag über Ausgleichszahlungen an die polnische Rentenversicherung zu Gunsten der ehemaligen Zwangsarbeiter, Verträge über wirtschaftlich-technische Kooperation und ein Großkredit. Das Vertragsvolumen enthielt bundesdeutsche Zahlungen in Höhe von 2,4 Milliarden D-Mark. Dafür versprach Polen in einem Pro-

---

[7] Brandt, Willy: Begegnungen und Einsichten. Die Jahre 1960-1975, Hamburg 1976, S. 538

tokoll, 120 000 bis 125 000 Ausreiseanträge zu genehmigen.[8]

Als dann in einem deutsch-polnischen Gemeinschaftswerk 1979 die Bilanz der Beziehungen, die Probleme und Perspektiven der Normalisierung abgehandelt wurden, kam die polnische Seite zu dem Schluss, dass trotz des Pakets der Gierek-Schmidt-Vereinbarungen von Helsinki »die Frage der Entschädigungen polnischer Bürger, der Opfer des Nazismus, in der Geschichte der polnisch-deutschen Nachkriegsbeziehungen ein ungeregeltes und offenes Problem« sei. Der Bonner Politik-Professor Carl-Christoph Schweitzer konterte mit dem offiziellen Regierungsstandpunkt, dass die Forderungen durch Aufrechnung mit dem Wert der Ostgebiete und die Zahlungen der Regierungen Brandt und Schmidt abgegolten seien: »Für die Bundesrepublik ist dieses Problem durch die erwähnten Gesamtvereinbarungen beziehungsweise den erzielten Gesamtkompromiss als endgültig geregelt anzusehen, wie befriedigend oder unbefriedigend im Einzelnen dies für die eine oder andere Seite sein mag.«[9]

[0] Dokumente zur Deutschland- und Ostpolitik, in: Europa-Archiv 1975, S. 641-647
[9] Sulek, Beziehungen 1970-1978, a. a. O. mit Anm. v. Carl-Christoph Schweitzer S. 145

12.

Helmut Kohl: »Die Kasse bleibt zu«

Im Herbst 1981 erschien im Frankfurter Campus Verlag als Übersetzung aus dem Amerikanischen ein zwei Jahre zuvor in der Harvard University Press veröffentlichtes Buch,[1] das langfristig wie kein anderes die Debatte über die Entschädigung für Zwangsarbeiter beeinflusst hat: Benjamin B. Ferencz: »Lohn des Grauens«. Der Autor hatte nach 1945 auf amerikanischer Seite im Stab der Anklage an den Nürnberger Kriegsverbrecherprozessen mitgewirkt und ab 1952 in der Delegation der Claims Conference an den Verhandlungen um ein Wiedergutmachungsabkommen mit Israel beziehungsweise die ergänzenden Vereinbarungen teilgenommen. Die Claims Conference ernannte ihn zu ihrem Direktor für Deutschland, um die Umsetzung der Entschädigungsvereinbarung zu überwachen. Darüber hinaus versuchte Ferencz, deutsche Großunternehmen zur Zahlung von Lohn für die jüdischen KZ-Häftlinge und Zwangsarbeiter zu veranlassen. »Veranlassen«, das hieß Zahlung von Anwaltskosten für Musterprozesse und Organisation von Pressekampagnen gegen zahlungsunwillige Firmen, in vielen Fällen mündeten Prozesse und Kampagnen in Vergleiche. So fand sich die Firma Krupp bereit, einen Betrag von 10 Millionen D-Mark bereitzustellen, jeder der 3000 überlebenden Zwangsarbeiter erhielt 3300 D-Mark. Die Elek-

---

[1] Ferencz, Benjamin B.: Less than Slaves. Jewish Forced Labor and the Quest for Compensation, Cambridge/Massachusetts and London/England 1979

trokonzerne Siemens und AEG zahlten ebenfalls. Klagen gegen die AEG waren vom Kammergericht Berlin mit der üblichen Begründung abgewiesen worden, die Klagen kämen zu früh, weil Reparationsforderungen gemäß Art. 5 des Londoner Schuldenabkommens bis zu einem Friedensvertrag aufgeschoben seien. Dennoch zahlte AEG ohne Anerkennung einer Rechtspflicht vier Millionen D-Mark, das bedeutete knapp 500 Dollar für jeden der 2223 von der Claims Conference rechtzeitig anerkannten Anspruchsberechtigten beziehungsweise 375 Dollar für Nachzügler. Von den ehemals 1500 Zwangsarbeiterinnen, die einst bei AEG in Riga-Kaiserwald gearbeitet hatten, konnten nur 531 ausfindig gemacht werden. Und nur 175 überlebende Zwangsarbeiter, die in den AEG Kabelwerken Krakau-Plazow gearbeitet hatten meldeten sich bei der Claims Conferenz. Unter den Anspruchsberechtigten waren 106 Frauen aus dem KZ Ravensbrück, die bei AEG in Freiberg/Niederschlesien eingesetzt waren. Von den in Groß Rosen gefangenen Zwangsarbeitern hatten für die AEG 444 in Parschwitz gearbeitet, 374 in Weihwasser und 515 in Reichenbach.

Die Firma AEG legte Wert auf eine Vertragsklausel, die festschrieb, dass damit alle Forderungen jüdischer Zwangsarbeiter abgefunden seien. Außerdem musste sich die Claims Conference verpflichten, den Vorgang ohne Publizität abzuwickeln, um nicht andere nichtjüdische Zwangsarbeiter zu Entschädigungsforderungen zu animieren.

Die Forderungen gegen den zweiten großen Elektrokonzern, Siemens, wurden dadurch erleichtert, dass den Amerikanern 1945 der Bericht »Einsatz ausländischer Zivilarbeiter, Kriegsgefangener, Juden und KZ-Häftlinge im Hause Siemens« in die Hände gefallen war. Siemens erklärte sich bereit an jeden jüdischen Zwangsarbeiter 5000 D-Mark zu zahlen, insgesamt sieben Millionen D-Mark.

Die Rüstungsfirma Rheinmetall fand sich erst bereit, Entschädigungen für Zwangsarbeit zu leisten, als ein Rüstungsgeschäft mit den USA anstand. Bei den Verhandlungen wartete diese Weltfirma gegenüber der Claims Conference mit einer besonderen Vertragsklausel auf. Entschädigungszahlungen in Höhe von 2,5 Millionen D-Mark würden nur ohne Anerkennung einer Rechtspflicht gezahlt mit dem Vorbehalt, der Betrag sei zurückzuzahlen, falls das Rüstungsgeschäft mit den USA nicht zustande käme. Die Claims Conference weigerte sich, eine derartige Geld-zurück-Klausel zu unterschreiben. So überwies Rheinmetall schließlich ohne Vertrag 2,5 Millionen D-Mark, 1700 D-Mark für jeden der 1500 Anspruchsberechtigten. Die Vereinbarung mit Rheinmetall war Ferencz' letzter Erfolg. Die Firma Friedrich Flick weigerte sich nach langen Verhandlungen am Ende doch zu zahlen.

Ferencz' große Hoffnung war, nach den Einzelvereinbarungen auch einen Gesamtvergleich mit dem Bundesverband der Deutschen Industrie über Entschädigungszahlungen für alle jüdischen Zwangsarbeiter zu erreichen. Damit ist er jedoch völlig gescheitert. Das vorletzte Kapitel seines Buchs ist mit »Eine Kette von Enttäuschungen« überschrieben. Besonders enttäuscht war Ferencz darüber, dass die deutschen Großunternehmen keinerlei Scham oder Reue zeigten und absolut kein Unrechtsbewusstsein hatten. Für die Zwangsarbeitsfirmen galt in besonderer Weise, was Max Horkheimer allgemein über die Vergangenheitsbewältigung der Westdeutschen nach 1945 schrieb: sie hätten sich zunächst geduckt, und später gemeinsam die Frucht ihrer Schandtat genossen.

Was Ferencz nicht beschrieb, ist die Tatsache, dass er bis Mitte der 50er Jahre fest auf die Unterstützung der US-Administration setzen konnte, die sich aber danach geweigert hatte, auf Bonn Druck auszuüben, weil das Besatzungsregime inzwischen abgeschafft war und Bonn auch ein dem Überleitungsvertrag entsprechendes Entschädigungsgesetz beschlossen hatte. Das bekam auch Hendrik van Dam, der Wiedergutmachungsexperte und langjährige Generalsekretär des Zentralrats der Juden in Deutschland, zu spüren, als er 1954 im State Department vorsprach, um die US-Administration für die Unterstützung jüdischer Wiedergutmachungsinteressen zu gewinnen. Die Ablehnung wurde damit begründet, dass es Ziel der US-Politik sei, möglichst viel Verantwortung den Deutschen zu überlassen. Der frühere Hochkommissar McCloy setzte sich zwar auch später für Wiedergutmachungsinteressen ein, aber informell und mit dem Ziel der Verbesserung der deutsch-amerikanischen Beziehungen.[2] Die Claims Conference wurde so zum alleinigen Motor für die Forderung nach Verbesserungen des Wiedergutmachungsrechts der Bundesrepublik. Mit der Verabschiedung des Schlussgesetzes zum Bundesentschädigungsgesetz 1965 konnte sie sich mit der Forderung nach Berücksichtigung der erst nach 1953 in die Bundesrepublik gekommenen Verfolgten letztmalig durchsetzten.

Die Claims Conference stellte 1965 ihre Bemühungen um einen Gesamtvergleich in Deutschland ein und Ferencz zog sich zurück. Für das Schlusskapitel seines 1981 erschienenen Buchs wählte er ein Zitat aus Rolf Hochhuths »Stellvertreter«: »Hass ist nie das letzte Wort«.[3]

---

[2] Goschler, Wiedergutmachung, S. 304 f.
[3] Ferencz, Less than Slaves, S. 186

Die Wirkungsgeschichte des Buchs von Ferencz fällt in die Zeit der von Bundeskanzler Helmut Kohl 1982 verkündeten »geistig-moralischen Wende«. Zu dieser Wende gehörte der vom Berliner Historiker Ernst Nolte ausgelöste »Historikerstreit« über den Nationalsozialismus. Nolte vertrat die absurde These, Hitler und der Nationalsozialismus einschließlich der Judenmorde seien nur die Reaktion auf Stalin und die Herrschaft der Bolschewiki in der Sowjetunion gewesen.[4]

Eine andere Form der Relativierung des NS-Regimes, eine Art symbolischer Abschluss der Epoche des Zweiten Weltkrieges sollte 1985 die gemeinsame Kranzniederlegung von Bundeskanzler Kohl und US-Präsident Reagan auf dem Soldatenfriedhof von Bitburg in der Eifel, wo sich auch Gräber von SS-Männern befinden, darstellen (»Versöhnung über Gräbern«).

In dieser Wende-Zeit suchten sich die neu in den Bundestag gewählten Grünen mit einer Debatte über die »vergessenen« Opfer der NS-Verfolgung zu profilieren. Diesen bisher ausgegrenzten Verfolgten wollten sie zu ihrem Recht verhelfen. Dazu gehörten die von den Nazis verfolgten Sinti und Roma, Kriegsdienstverweigerer, Lesben und Schwule, aber auch die Zwangsarbeiter. Mitinitiiert von Grünen und Sozialdemokraten verabschiedete das Europäische Parlament im Januar 1986 die Entschließung »Entschädigungsleistungen für ehemalige Sklavenarbeiter der deutschen Industrie«. Darin werden die deutschen Firmen, die Sklavenarbeiter beschäftigt hatten, aufgefordert, einen ge-

---

[4] Maier, Charles S.: Die Gegenwart der Vergangenheit. Geschichte und die nationale Identität der Deutschen. Aus dem Englischen v. Udo Rennert, Frankfurt a. M. u. New York 1992, S. 15 ff.

meinsamen Fonds für Entschädigungszahlungen an die Opfer der Zwangsarbeit einzurichten. Im Januar 1986 begründete der Grünen-Abgeordnete Hans-Christian Ströbele im Bundestag den Antrag seiner Partei, die Bundesregierung möge ein neues Entschädigungsgesetz vorlegen, das eine Entschädigung für alle Verfolgten in Europa vorsehen solle. Ströbele bezeichnete die bisherige Regelung, große Gruppen von Verfolgten von der Entschädigung auszuschließen, als völlig unakzeptabel.[5] Für die Zwangsarbeiter sah ein weiterer Antrag die Bildung eines Entschädigungsfonds vor.[6] Der Bund sollte diesen Fonds zunächst vorfinanzieren und später die ausgezahlten Beträge durch Regress von den Firmen, die Zwangsarbeiter beschäftigt hatten, zurückholen. Der Zeitpunkt für die Debatte war günstig gewählt, denn gerade hatte sich Friedrich-Karl Flick bei der Umschichtung seines Vermögen geweigert, eine Entschädigung an die seinerzeit in den Unternehmen seines Vaters Friedrich Flick beschäftigten Zwangsarbeiter zu zahlen.

Die Debatte hatte mit einer persönlichen Entschuldigung des CSU-Abgeordneten Hermann Fellner begonnen, der zur Zwangsarbeiterdebatte den unsäglichen Beitrag, dass »Juden sich schnell zu Wort melden, wenn irgendwo in deutschen Kassen Geld klimpert«, beigesteuert hatte.[7] Die Redner der CDU/CSU lehnten es ab, von Leuten, die nicht in der parlamentarischen Tradition einer 35jährigen Wiedergutmachungspolitik stünden, Belehrungen und Rat-

---

[5] Gesetzentwurf zur Regelung einer angemessenen Versorgung für alle Opfer nationalsozialistischer Verfolgung in der Zeit von 1933 bis 1945, Deutscher Bundestag, Drucksachen, 10/4040

[6] Entschädigung für Zwangsarbeit während der Nazi-Zeit, Deutscher Bundestag, Drucksachen, 10/4640

[7] Deutscher Bundestag, Sten. Berichte, 10/S. 14209 ff.

schläge entgegenzunehmen. Der frühere FDP-Innenminister Gerhard Rudolf Baum hielt die Entschädigungsforderungen an die Firma Flick »moralisch natürlich für gerechtfertigt« und auch der SPD- Abgeordnete Heinz Westphal befürwortete zumindest in Teilen die Vorlage der Grünen. Etwas kleinlaut räumte er ein, auch die frühere sozialliberale Koalition hätte 1979 eine Verbesserung des Wiedergutmachungsrechts geplant. Daraus sei leider nichts geworden, weil der kleine Koalitionspartner FDP gleichzeitig eine Verbesserung der Bezüge der 131er, also der wegen NS-Belastung 1945 aus dem öffentlichen Dienst ausgeschiedenen und später nicht wieder eingestellten ehemaligen Beamten durchsetzen wollte.[8]

Zu einer Entschließung nach Art des Europaparlaments konnte sich die Bundestagsmehrheit nicht durchringen, sie verständigte sich auf eine Aufforderung an die Bundesregierung, einen Bericht über die bisherige Entschädigungspolitik vorzulegen. Der Abgabetermin des Berichts war so terminiert, dass vor Ablauf der Legislaturperiode nicht mehr mit gesetzgeberischen Schlussfolgerungen daraus gerechnet werden konnte. In der abschließenden Debatte verkündete der Parlamentarische Staatssekretär im Finanzministerium, dass das bedeutende Werk der Wiedergutmachungsgesetzgebung mit dem Schlussgesetz von 1965 abgeschlossen sei. Die CDU/CSU-Redner beriefen sich darauf, dass die geforderten Entschädigungen an Zwangsarbeiter »eindeutig Reparationsleistungen« im Sinne des Londoner Schuldenabkommens, also zurückgestellt worden seien. Die Anträge von Grünen und SPD auf Erlass eines neuen Entschädigungsgesetzes und eines

---

[8] Deutscher Bundestag, Sten. Berichte, 10/S. 14214

Zwangsarbeiterfonds wurden erwartungsgemäß abgelehnt.

Zu Beginn der 11. Legislaturperiode des Bundestages brachten die Grünen im April 1987 erneut einen »Gesetzentwurf zur Regelung einer angemessenen Versorgung für alle Opfer der nationalsozialistischen Verfolgung in der Zeit von 1933 bis 1945« ein. Der Entwurf sah für Zwangsarbeiter die Nachzahlung von Lohn nach heutigem Geldwert vor. Die SPD, die sich in der Zeit ihrer Regierungsbeteiligung geweigert hatte, das Thema erneut anzupacken, beantrage jetzt die Errichtung einer Stiftung »Entschädigung für NS-Unrecht« für zehn bisher von Wiedergutmachungsleistungen ausgeschlossene Verfolgtengruppen. Der Innenausschuss des Bundestages führte zumindest eine öffentliche Anhörung über »Wiedergutmachung und Entschädigung für nationalsozialistisches Unrecht« durch. Von den vorgeladenen Sachverständigen wurde ausdrücklich auf den Ausschluss der Zwangsarbeiter in den bisherigen Regelungen hingewiesen. Am Ende stand 1988 die Schaffung eines kleinen Härtefonds, ohne das bisherige Recht zu ändern.

Grüne und SPD brachten 1989 erneut Anträge ein, die eine Entschädigung für die ehemaligen Zwangsarbeiter über eine Bundesstiftung auf gesetzlicher Grundlage vorsahen. Ende 1989 fand eine erneute Bundestagsanhörung über das Thema Zwangsarbeit statt.

Im Frühjahr 1990 brachten alle Sachverständigen, die von den Regierungsparteien CDU/CSU und FDP benannt waren, eine gemeinsame Stellungnahme zustande, die zumindest die Möglichkeit von Entschädigungen für polnische und sowjetische Zwangsarbeiter vorsah.

Bei den inzwischen anstehenden Verhandlungen über die

deutsche Einheit wollte Bundeskanzler Kohl keinesfalls Debatten über eventuelle Reparationsforderungen aufkommen lassen. Daher wurde auch die Debatte über die Entschädigung von Zwangsarbeitern abgebrochen. Ein Mitarbeiter Kohls brachte dafür ein Kanzler-Zitat bei: »Die Kasse wird nicht wieder aufgemacht.«[9]

[9] Entschädigung für Zwangsarbeiter. Modelle für die Lösung einer offenen historischen Aufgabe, hrsg. v. Manfred Brüning u. a., Köln 1999, S. 24

13.

50 Jahre nach dem Zweiten Weltkrieg haben Reparationen keine Berechtigung mehr

Mit dem Fall der Berliner Mauer am 9. November 1989 eröffnete sich die Perspektive der Wiedervereinigung Deutschlands durch Anschluss der DDR an die Bundesrepublik. Die sowjetische Führung unter Michail Gorbatschow deutete die Bereitschaft an, in einem »gemeinsamen europäischen Haus« auch ein vereintes Deutschland zu akzeptieren. Am politischen Horizont tauchte damit auch die Frage von Verhandlungen über einen Friedensvertrag mit Deutschland auf. In den fünfziger Jahren gehörte die Forderung nach Vier-Mächte-Verhandlungen über die Wiedervereinigung und einen Friedensvertrag zum Grundbestand der außenpolitischen Diskussion in der Bundesrepublik. Nach der Ratifizierung der Ostverträge und der Aufnahme der beiden deutschen Staaten in die UNO herrschte weitgehend die Meinung vor, alle normalerweise in einem Friedensvertrag zu lösenden Fragen über Status, Grenzen und auch Reparationsleistungen der deutschen Staaten seien durch die Einzelverträge bereits gelöst. Für einen Friedensvertrag bestehe daher kein Bedarf.[1]

Anfang 1990 brachte die Sowjetunion den Vorschlag in die Debatte, die Fragen, die im Zusammenhang mit der deutschen Einheit stünden, in einem Friedensvertrag zu re-

---

[1] Menzel, Eberhard: Die Ostverträge von 1970 und der »Deutschland«-Begriff des Grundgesetzes, in: Die öffentliche Verwaltung, 25.Jhg.1972, Nr. 1/2

geln. Als Verhandlungsgremien konnte man sich drei Modelle vorstellen, eine Konferenz der Vier Mächte, wie man sie aus den vierziger und fünfziger Jahren kannte, eine große Friedenskonferenz mit Beteiligung aller 28 Staaten, mit denen das Deutsche Reich sich 1945 im Kriegszustand befunden hatte, oder Verhandlungen zwischen den beiden deutschen Staaten und den Vier Mächten. Der Gorbatschow-Vertraute Nicolai Portugalow warb für den sowjetischen Vorschlag eines Friedensvertrages mit den Argumenten, dieser Vertrag könne von den beiden deutschen Staaten, den Vier Mächten und den von Deutschland im Zweiten Weltkrieg besetzten Staaten ausgehandelt werden und den feierlichen Verzicht auf Reparationen enthalten.[2] Eine Mammutkonferenz à la Versailles hätte jedoch nach Ansicht Kohls die Gefahr langer Verhandlungen heraufbeschworen, die nur zur Verschleppung der deutschen Einheit führen würden.[3] Die Sorge, dass das »Zeitfenster« für die sowjetische Bereitschaft, der deutschen Einheit zuzustimmen, durch einen Putsch in der Sowjetunion wieder geschlossen würde, bevor man einen Vertrag ausgehandelt hätte, hatte Gorbatschow im Januar 1990 selbst mit dem Ausspruch geschürt: »Im Fall der deutschen Wiedervereinigung wird es eine Zwei-Zeilen-Meldung geben, wonach ein Marschall meine Position übernimmt.«[4]

Washington und Bonn legten sich daher im Frühjahr 1990 auf die Linie fest, die Regelung in Zwei-plus-Vier-Ver-

---

[2] Weidenfeld, Werner unter Mitarbeit v. Peter M. Wagner und Elke Bruck: Außenpolitik für die deutsche Einheit. Die Entscheidungsjahre 1989/90 (Geschichte der deutschen Einheit Bd. 4), Stuttgart 1998, S. 311
[3] Jetzt wird ein Beitrag zum inneren Frieden fällig. Interview Bundeskanzler Kohls mit der Welt, in: Die Welt v. 30. 3. 1990
[4] Teltschik, Horst: 329 Tage. Innenansichten der Einigung, Berlin 1991, S. 109

handlungen zu suchen. Die zweite Zielrichtung der Bonner Bemühungen war, von einem großen Friedensvertrag, der auch den Weg zu Reparationen hätte ebnen können[5], wegzukommen und eine möglichst kleine Lösung über die Ablösung der Vier-Mächte-Rechte und den internationalen Status des vereinten Deutschland zu erzielen. Die polnische Regierung verlangte als Vorbedingung für eine Friedensregelung eine Anerkennung der Oder-Neiße-Grenze. In der polnischen Öffentlichkeit wurden Forderungen laut, im Zusammenhang mit der Friedensregelung auch Reparationsfragen aufzuwerfen. Der polnische Parlamentspräsident hatte schon Ende 1989 bei einem Besuch in Bonn das Thema angesprochen, man erwarte als Reparationsleistungen Zahlungen in Milliardenhöhe zur Entschädigung polnischer KZ-Häftlinge und Zwangsarbeiter.[6]

Bundeskanzler Helmut Kohl bekundete dagegen seine Entschlossenheit, über Reparationen nicht zu verhandeln, vielmehr solle Polen im Zusammenhang mit der Anerkennung der Oder-Neiße-Grenze seinen gegenüber der DDR erklärten Verzicht auf Reparationen aus Deutschland von 1953 wiederholen. Die Bundesrepublik habe rund 100 Milliarden D-Mark an Wiedergutmachung, darunter große Summen an Polen, gezahlt. »50 Jahre nach dem Krieg kann man nicht noch einmal mit Reparationen anfangen«, so Kohl.[7] Zu den Anhängern eines Friedensvertrages gehörten

---

[5] Dokumente zur Deutschlandpolitik. Deutsche Einheit. Sonderedition aus den Akten des Bundeskanzleramtes 1989/90, bearb. v. Hanns Jürgen Küsters und Daniel Hofmann, München 1998, S. 956

[6] Dokumente zur Deutschlandpolitik. Deutsche Einheit. Sonderedition aus den Akten des Bundeskanzleramtes 1989/90, bearb. v. Hanns Jürgen Küsters u. Daniel Hofmann, München 1998, S. 125

[7] Weidenfeld, Außenpolitik für die deutsche Einheit, S. 266

die Vertriebenenpolitiker in der CDU/CSU, die sich weiter gegen die Anerkennung der Oder-Neiße-Grenze wandten. Sie wurden von Kohl mit dem Hinweis abgekanzelt, wer jetzt noch auf einen Friedensvertrag warte, müsse wissen, dass es ohne Anerkennung der Oder-Neiße-Grenze keine deutsche Einheit geben werde. Wer die Anerkennung ablehne, gebe damit zu erkennen, dass er die Chance zur Wiedervereinigung nicht wahrnehmen wolle.[8]

Für die Sowjetunion bestanden die Hauptverhandlungsziele in Krediten für ihre niedergehende Wirtschaft und in der Finanzierung der Kosten für den Abzug der Roten Armee aus der DDR beziehungsweise Deutschland; Milliardenbeträge, die schwerlich in einem Friedensvertrag durchsetzbar waren, zumal die Sowjetunion im August 1953 auf Reparationen gegen Deutschland verzichtet hatte. Die Bundesregierung lockte jetzt als Ergänzung oder Entgelt für einen Zwei-plus-Vier-Vertrag über die Einheit mit einem deutsch-sowjetischen »Generalvertrag« über den Ausbau der Beziehungen, der die finanziellen Forderungen Moskaus bedienen sollte. Ein Zeichen dafür, dass der sowjetischen Führung 1990 das Wasser bis zum Halse stand, war das Ersuchen, einen zinslosen Kredit über drei Milliarden D-Mark schon unmittelbar nach Abzeichnung des Kreditvertrages, vor dessen förmlicher Unterzeichung und Ratifizierung durch die Parlamente, auszuzahlen.

In den diplomatischen Verhandlungen des Jahres 1990 taucht zwar immer wieder die polnische Forderung nach Entschädigungen für Zwangsarbeiter auf, doch mit den Entscheidungen, nur einen Zwei-plus-Vier-Vertrag und einen Generalvertrag mit der Sowjetunion abzuschließen,

---

[8] Teltschik, 329 Tage, S. 264 f.

waren die polnischen Forderungen vom Tisch. Das Hauptinteresse der Westmächte galt der Einbindung des vereinten Deutschland in die Nato und der Anerkennung der Oder-Neiße-Linie als deutscher Ostgrenze. So gelang es der Bundesrepublik in der Folgezeit, die von den Westmächten als nachrangig eingestufte Frage von Reparationen oder Entschädigungen aus dem Zwei-plus-Vier-Vertrag herauszuhalten. Andererseits war es fraglich, ob ein Vertrag mit den Vier Mächten auch einen allgemeinen Verzicht der anderen Kriegsgegner Deutschlands enthalten könne, da dies ein auch im Völkerrecht unzulässiger Vertrag zu Lasten Dritter gewesen wäre.

Das Auswärtige Amt ließ im November 1990 durchblicken, dass es auch im deutschen Interesse liegen würde, jetzt Gespräche über die Entschädigung ehemaliger sowjetischer und polnischer Zwangsarbeiter aufzunehmen. Doch das Kanzleramt war in dieser Frage sehr viel zurückhaltender. Das Äußerste, wozu sich das Kanzleramt bereit finden wollte, waren humanitäre Gesten, so die Finanzierung von Stiftungen für notleidende NS-Verfolgte in Osteuropa.[9] Regelungen für Zwangsarbeiter gab es nicht.

An sich wären nach dem Inkrafttreten des Zwei-plus-Vier-Vertrages die Rückstellungsklauseln des Überleitungsvertrages und des Londoner Schuldenabkommens erledigt gewesen und damit, wie das Bundesverfassungsgericht 1996 feststellte, der Weg für Einzelklagen aber auch für globale Reparationsforderungen offen. Doch die Rechtslehre hatte inzwischen die Theorie entwickelt, dass Reparationsansprüche, und dazu gehörten nach deutscher Rechtslehre die Entschädigungsforderungen der Zwangsarbeiter, der

---

[9] Weidenfeld, Außenpolitik für die deutsche Einheit, S. 619

Anerkennung in einem Friedensvertrag bedürften. So schrieb der Göttinger Völkerrechtler Dietrich Rauschning: »Aus der Feststellung dass es sich (beim Zwei-plus-Vier-Vertrag) um die abschließende Regelung in Bezug auf Deutschland handele, folgt auch, dass die Frage der Reparationen ... zwischen den Vertragspartnern des Regelungsvertrages erledigt ist.«[10]

In einer Unterrichtung des Bundestages durch die Bundesregierung von 3. Juni 1996 heißt es daher: »Dem Zweck der Reparationen als Teil eines friedensstiftenden und friedenssichernden Prozesses ist zu entnehmen, dass solche Regelung in einem zeitlichen Zusammenhang mit der Beendung des Kriegszustandes zu erfolgen hat. 50 Jahre nach der Beendigung des Zweiten Weltkrieges ... hat die Reparationsfrage ihre Berechtigung verloren.«[11]

[10] Rauschning, Dietrich: Beendigung der Nachkriegszeit mit dem Vertrag über die abschließende Regelung auf Deutschland, in: Deutsches Verwaltungsblatt 1990, S. 1275 ff., 1279
[11] Deutscher Bundestag, Drucksachen,13/4787; Brodesser u.a.: Wiedergutmachung und Kriegsfolgenliquidation, S. 188

14.

Berlin 2000: Stiftung »Erinnerung, Verantwortung und Zukunft« – Vorrang für die Rechtssicherheit deutscher Unternehmen.

Die Zwangsarbeiter wären vielleicht völlig leer ausgegangen, hätte es nicht den Fall Hugo Princz und einen Regiefehler des Auswärtigen Amtes gegeben. Die »Washington Post« vom 21. September 1995 berichtete über eine Feier im Kapitol. Kongressabgeordnete und Senatoren hätten sich in den Armen gelegen, um den Erfolg des 72jährigen Amerikaners Hugo Princz aus Highland Park, New Jersey, gegen die Deutschen zu feiern. Princz war als Jude von den Nazis in ein Konzentrationslager deportiert worden, seine Verwandten hatte man ermordet. Er war im KZ zur Zwangsarbeit für vier deutsche Großfirmen eingesetzt worden. Die deutschen Behörden hatten sich seit 1955 mit Hinweis auf das Londoner Schuldenabkommen und die Aufenthalts- und Stichtagklauseln des Bundesentschädigungsgesetzes geweigert, eine Entschädigung zu zahlen.

Mit zehn anderen Holocaust-Überlebenden hatte er sich symbolträchtig zum 50. Jahrestag des Kriegsendes und seiner Befreiung an die US-Regierung gewandt und zugleich eine Klage gegen die vier deutschen Firmen, für die er Zwangsarbeit geleistet hatte, in den USA vorbereitet. Unter dem Druck der US-Administration fand sich Bonn bereit, in einem Regierungsabkommen eine Entschädigungssumme von 2,1 Millionen Dollar für die elf Zwangsarbeiter zu zahlen. Zusätzlich waren die vier Großunternehmen bereit, einem privaten Vergleich über einen ungenannten Betrag zuzustimmen. Die Firmen blieben ungenannt, die Zahlung hatte so den Charakter eines Schweigegeldes. In dem am 19. September 1995 in Bonn unterzeichneten Regierungsabkommen wurde dem deutschen Rechtsstandpunkt dadurch Rechnung getragen, dass nach Artikel 1 die Entschädigung nur an US-Bürger gehen sollte, die von den Nazis wegen ihrer Rasse, Religion, Weltanschauung oder politischen Überzeugung verfolgt worden waren und dadurch Schaden an Freiheit, Körper und Gesundheit erlitten hatten. Ausgeschlossen waren »reine Zwangsarbeiter«, die nicht in KZ's oder Lagern interniert gewesen waren. Die zu Entschädigenden sollten gemäß Artikel 4 Verzichtserklärungen wegen weiterer Ansprüche gegen die Bundesrepublik unterschreiben. Zugleich erklärten die USA, dass damit alle NS-Verfolgungsschäden abgegolten seien.[1]

Als Grund für die Bereitschaft der vier Großunternehmen, entgegen der früheren Praxis Entschädigungen für Zwangsarbeit zu leisten, wird man unschwer die zu erwartende negative Publizität, die die Entschädigungsprozesse in den USA verursacht hätten, ausmachen können. Bei einer allgemeineren Formulierung des Regierungsabkommens, etwa der Zahlung eines Betrags für alle möglichen Ansprüche, ähnlich den Globalabkommen mit den westeuropäischen Regierungen, hätte die Bundesregierung Klagen gegen die Unternehmen vielleicht sogar ausschließen können. Mit der Teilung des Entschädigungsanspruchs in Forderungen wegen der NS-Verfolgung, für die die Bundes-

---

[1] Antwort der Bundesregierung auf die Kleine Anfrage der Abgeordneten Dr. Winfried Wolf, Ulla Jelpke und der Gruppe der PDS v. 4. 12. 1995, Deutscher Bundestag, Drucksachen 13/3190

republik durch das Regierungsabkommen die Verantwortung übernahm, und in Forderungen wegen der Zwangsarbeit, wofür die vier Firmen in einem privatrechtlichen Vergleich aufkommen wollten, war der Weg zu Klagen gegen Firmen in anderen Fällen nach US-Recht geradezu gewiesen.

Bald darauf wurden 1997 die Profiteure des NS-Raubzugs durch Europa durch einen aufmerksamen Wachmann einer Schweizer Großbank an die Vergangenheit erinnert. Er hatte wichtige Dokumente über »namenlose Konten«, das waren Konten von ermordeten Juden, vor der Vernichtung bewahrt. Ebenso wurden in der Schweiz nichteingeforderte Versicherungspolicen entdeckt und der Handel von Schweizer Banken mit NS-Raubgold zu Tage gefördert. Diese Vorkommnisse hatten zur Folge, dass amerikanische Anwälte und die Claims Conference erneut aktiv wurden. Durch eine Verbindung von Klagen und öffentlichem Druck waren die Schweizer Banken und Versicherungen, darunter die Allianz, dazu gebracht worden, Entschädigungszahlungen in Höhe von 1,25 Milliarden Dollar zu leisten. Eine Erfahrung für die Schweizer Banken war, dass sich durch Leugnen der Schuld und langes Zuwarten die Kosten für die Entschädigungszahlungen am Ende verdoppelt hatten.[2]

Von den Schweizer Affären war es dann im August 1998 nur ein kleiner Schritt bis zu mehreren Sammelklagen von ehemaligen Zwangsarbeitern in den USA gegen deutsche Großunternehmen wegen ausgebliebener Entschädigung. Das Instrument der Sammelklage, class action, ermöglicht

---

[2] Jeske, Jürgen: Der lange Weg zur Entschädigung ausländischer Zwangsarbeiter, in: Frankfurter Allgemeine Zeitung v. 6.7.2000

es bei gleichgelagerten Fällen, dass nur eine Partei tatsächlich klagt, aber andere Berechtigte in den Genuss des obsiegenden Urteils kommen, falls sie keinen Einspruch erheben. Meist wird das Instrument wegen des hohen Prozessrisikos, das für das beklagte Unternehmen dabei entsteht, dazu benutzt, um es zu einem Vergleich zu zwingen.

Vergeblich hatten sich Sozialdemokraten und Grüne in der Ära Kohl im Bundestag dafür eingesetzt, die bisher ausgegrenzten Opfer der NS-Verfolgung, und dazu wurden ausdrücklich die Zwangsarbeiter gerechnet, zu entschädigen. Im Koalitionsvertrag der neuen rot-grünen Koalition vom September 1998 war ausdrücklich die Schaffung einer Stiftung zur Zwangsarbeiterentschädigung vorgesehen. Schröder hatte noch vor Aufnahme seiner Amtsgeschäfte mit Vertretern der Industrie über die Schaffung eines gemeinsamen Fonds gesprochen. »Gemeinsam«, betonte Schröder in der Regierungserklärung, »heißt hier Gemeinsamkeit der Unternehmen.« Die Unternehmen seien, so Schröder, zu einer fairen Lösung hinsichtlich der berechtigten Ansprüche bereit. Mit etwas drohendem Unterton fügte Schröder hinzu: »Wo es nicht um den Ausgleich erlittenen Unrechts geht, werden wir unseren Unternehmen und damit auch ihren Arbeitnehmerinnen und Arbeitnehmern im Inland, aber auch im Ausland Schutz gewähren.«[3]

Jetzt war nicht mehr vom Recht der Zwangsarbeiter auf Entschädigung gegen Zwangsarbeitsfirmen die Rede, sondern ganz in der Tradition früherer Regierungen von »fairer Lösung« und »erlittenem Unrecht«, für das kein Verantwortlicher benannt wurde. Neben das Zuckerbrot der hu-

[3] Deutscher Bundestag, Sten. Berichte, 14/S. 62

manitären Geste durch die künftige Industriestiftung legte der Kanzler gleich die Peitsche des Schutzes vor Klagen im Inland und auch im Ausland. Schröder hatte gemeinsam mit den Industrievertretern den Plan entwickelt, eine Art Kampffonds der Industrie zur pauschalen Abgeltung der mit Sammelklagen in den USA geltend gemachten, in ihren finanziellen Dimensionen und Erfolgsaussichten nicht abschätzbaren Entschädigungsforderungen von Zwangsarbeitern einzurichten. Wie dieser Fonds eingeschätzt wurde, zeigt die Planung vom November 2000, einfach den Streikfonds der Arbeitgeberverbände in Anspruch zu nehmen, als sich nicht genügend Firmen fanden, um den inzwischen auf fünf Milliarden D-Mark festgelegten Industrieanteil am Stiftungskapital aufzubringen.[4] Gedacht war ursprünglich an einen Betrag von 1,5 Milliarden D-Mark für die etwa 130 000 von jüdischen Verfolgtenorganisationen in den USA vertretenden ehemaligen Zwangsarbeiter, die größere Gruppe der nichtjüdischen Sklavenarbeiter aus Osteuropa sollte leer ausgehen.[5] Die Kanzleramtsjuristen hatten vorgerechnet, gegen die polnischen Forderungen könne man doch jetzt endlich die Aufrechnung mit dem Wert der ehemals deutschen Ostgebiete vorbringen.[6]

Für die Sammlung und Verteilung des Geldes sollte eine Stiftung des öffentlichen Rechts gegründet werden. Als Gegenleistung für die Unternehmen, die in den Fonds einzahlten, sollte die Bundesregierung durch einen völkerrechtlich verbindlichen Vertrag mit den USA »Rechtssicherheit« ver-

[4] Alternativfinanzierung für Zwangsarbeiterfonds kritisiert, in: Financial Times Deutschland v. 21. 11. 2000
[5] Deutscher Industriefonds für NS-Zwangsarbeiter, in: Neue Zürcher Zeitung v. 17. 2. 1999
[6] Milliarden von der Industrie, in: Spiegel v. 15. 2. 1999

einbaren. Rechtssicherheit wurde also nicht im Sinne von Justizgewährleistung für die seit Jahrzehnten abgewiesenen Zwangsarbeiter verstanden, sondern im Gegenteil als völkerrechtlicher Schutz vor den berechtigten Klagen der Opfer der Industrie. Um die »Rechtssicherheit« im Inland brauchte sich die Regierung keine Sorgen zu machen, die deutschen Gerichte entschieden, dass die Entschädigungsforderungen spätestens drei Jahre nach Inkrafttreten des Zwei-plus-Vier-Vertrages am 15. März 1991 verjährt seien.[7]

Der damalige Kanzleramtsminister Bodo Hombach erhielt den Auftrag, mit Vertretern der deutschen Industrie über die Modalitäten des euphemistisch »Versöhnungsfonds der deutschen Wirtschaft« genannten Kampffonds zu sprechen und in Washington mit der US-Regierung und den jüdischen Opferorganisationen zu verhandeln.[8] Er sollte mit möglichst wenig Geld eine möglichst große Rechtssicherheit in den USA vor weiteren Forderungen erzielen. Besonders die Deutsche Bank machte Druck auf die Bundesregierung, denn sie war gerade dabei, mit dem New Yorker Investmenthaus Bankers Trust zu fusionieren, doch die US-Genehmigungsbehörden hatten durchblicken lassen, dass es ohne Zwangsarbeiterentschädigung keine Fusion geben werde.[9] In Hombachs Delegation reiste der DaimlerChrysler Finanzchef Manfred Gentz nach Washington mit. Gentz wollte möglichst diskret mit dem stellvertretenden Handelsminister Stuart Eizenstat und den Opferorganisationen verhandeln, aber die Anwälte ausschalten. So

---

[7] Zwangsarbeiter: Ansprüche verjährt. Neue Entscheidung zu Gunsten der Industrie, in: Handelsblatt v. 6. 9. 1999
[8] Heikler Blitzbesuch. Bonn will Sammelklagen gegen deutsche Firmen abwenden, in: Süddeutsche Zeitung v. 6. 2. 1999
[9] Schatten der Vergangenheit, in: Wirtschaftswoche v. 4. 2. 1999

wie die Industrie 1955 im Fall Wollheim gegen I.G. Farben versucht hatte, dem Prozess vor dem Oberlandesgericht Frankfurt durch eine Änderung des Bundesentschädigungsgesetzes »den Faden abzuschneiden«, so sollte nach den Vorstellungen von Hombach und Gentz ein völkerrechtlicher Vertrag den Sammelklagen die rechtliche Grundlage entziehen. Von Eizenstat kam der ernüchternde Hinweis, dass es für einen derartigen völkerrechtlichen Vertrag keine Mehrheit im US-Senat geben werde, denkbar sei nur ein »statement of interest« der Regierung, in der sie den Gerichten zu bedenken gebe, dass es im US-Interesse sei, wenn möglichst viele Zwangsarbeiter durch die Stiftung, statt durch Klagen, zu ihrem Recht kämen.[10] Der US-Verhandlungsführer hatte für seinen deutschen Partner Bodo Hombach noch einen rechtlichen Hinweis parat: Nach Ansicht mancher Experten in der US-Administration sei die Frage der Reparationen durch den Zwei-plus-vier-Vertrag keineswegs erledigt.

In seiner Tischrede hatte Hombach eine launige Anekdote erzählt, um die deutsche Schmerzgrenze zu demonstrieren. Er schilderte die Geschichte vom Katzenfreund, der seine Lieblingskatze beim Nachbarn mit der Bitte in Pflege gab, dem Tier jeden Tag eine besondere Freude zu machen. Als der Katzenfreund aus dem Urlaub zurückkam, fand er ein abgemagertes völlig verwahrlostes Tier vor. Der Nachbar packte das Tier am Schwanz und drehte es über Kopf heftig im Kreis. Auf die entsetzen Proteste des Katzenfreunds habe der Nachbar entgegnet: »Was meinst du, wie die sich freut, wenn ich gleich damit aufhöre.« Eizenstat

---

[10] Lambsdorff, Otto: Mit der Aussicht auf ausreichende Rechtssicherheit, in: Frankfurter Allgemeine Zeitung v. 25. 10. 2000

hatte sich diese peinlichen Ausführungen ruhig angehört, um Hombach am Ende der Veranstaltung noch einen Tipp zur finanziellen Ausstattung der Stiftung zu geben: »Bodo, es muss eine fette Katze werden.«[11]

Inzwischen waren im Bundeskanzleramt Bedenken gegen die bisherige Verhandlungsführung des Kanzleramtsministers laut geworden. In einem Grundsatzpapier des Amtes hieß es, eine Beschränkung der Entschädigung auf jüdische KZ-Häftlinge unter Ausschluss nichtjüdischer osteuropäischer Sklavenarbeiter werde den Anschein krasser Einseitigkeit hervorrufen und »sowohl anti-jüdische wie anti-deutsche Gefühle erwecken, deren Virulenz mit Blick auf die gemeinsame politische Kultur im sich erweiternden Europa nicht unterschätzt werden darf«.[12] Als Konsequenz dieser Ausweitung der Entschädigungsberechtigung wurde auch eine finanzielle Beteiligung des Bundes erwogen. Damit die Gesamtkosten niedrig blieben, sollte die Entschädigung nur bei nachgewiesener Bedürftigkeit und entsprechend dem Rentenniveau der Heimatländer gezahlt werden. Die bisher von deutschen Entschädigungsleistungen ausgeschlossenen Osteuropäer sollten also besonders niedrige Zahlungen erhalten. Die von Kanzleramtsminister Hombach herangezogenen wissenschaftlichen Berater, der Historiker Lutz Niethammer und der Politologe Ulrich von Allemann schlugen vor, in drei Klassen zu entschädigen. In der Klasse A, Zwangsarbeiter aus der ehemaligen Sowjetunion, wird der Betrag mit eins multipliziert, in der Klasse B, Osteuropa, mit

---

[11] Evers, Lothar: Verhandlungen konnte man das nicht nennen…, in: Stiften gehen, hrsg. v. Ulrike Winkler, S. 222 ff., 228 f.; Spiegel v. 15.2.1999

[12] Leyendecker, Hans: Fonds offen für Zwangsarbeiter, in: Süddeutsche Zeitung v. 15. 2. 1999

zwei und in der Klasse C Westeuropa mit drei. Gegen diesen Vorschlag opponierten Anwälte und Vertreter der Opferorganisationen heftig und im Ergebnis erfolgreich.[13]

Zur Abwehr der Sammelklagen hatte sich die Stiftungsinitiative mit sogenannten hochkarätigen Gutachtern armiert, dem ehemaligen Leiter der Wiedergutmachungsabteilung im Finanzministerium Peter Laars, dem früheren Regierungsdirektor im Kanzleramt Professor Rudolf Dolzer, und dem früheren Vorsitzenden Richter des 9. Senats des BGH Helmut Brandes. Vom deutschen Botschafter in Washington Jürgen Chroborg wurde die deutsche Rechtsposition bei einem Pressebriefing erläutert. Ein Mitarbeiter der Zeitschrift »Aufbau« gewann den Eindruck, hier würde mit den alten Feindbildern von den »gierigen jüdischen Anwälten« auf der Opferseite gearbeitet.[14] Doch derlei Öffentlichkeitsarbeit der deutschen Industrie zeigte in den USA keine positive Wirkung, im Gegenteil. Zur Unterstützung der Entschädigungskampagne in den USA wurden inzwischen in New York aufwändige Entschädigungsbanketts gegeben und eine 250 000 Dollar teure Anzeigenkampagne gegen große Firmen gestartet. Im Text einer Anzeige sind unter dem Mercedes-Stern die Worte »Design – Performance – Slave Labor« zu lesen. Die BMW-Anzeige ist mit Fotos von Josef Mengele und I.G. Farben-Zwangsarbeitern illustriert. »Das Montageband, das Ford gerne vergessen würde« lautet die Bildunter-

---

[13] Arning, Matthias: Konzerne sollen NS-Opfern nicht ihre Ansprüche diktieren, in: Frankfurter Rundschau v. 17. 6. 1999

[14] Evers, Verhandlungen, in: Stiften gehen, hrsg. v. Ulrike Winkler, S. 230; gruppe 3 frankfurt a.m.: Ressentiment und Rancune: Antisemitische Stereotype in der Entschädigungsdebatte, in: Stiften gehen, hrsg. v. Ulrike Winkler, S. 251 ff.

schrift unter einem Fließband, an dem KZ-Häftlinge in Sträflingskleidung arbeiten.[15] Mit seinem Vorschlag, einen Gesamtbetrag von 1,5 Milliarden Mark zu zahlen, löste Hombach in USA nur eine neue Welle von Sammelklagen gegen weitere Firmen aus. Amerikanische Anwälte deuteten an, 30 Milliarden D-Mark seien angemessen.[16] Später reduzierten sie ihre Forderung erheblich, man einigte sich Ende 1999 auf eine Summe von 10 Milliarden, die – im Gegensatz zur ursprünglichen reinen Industriefinanzierung – zur einen Hälfte vom Staat und zur anderen von der Industrie aufgebracht werden sollte.

Die Bundesregierung hatte sich zuvor mit den Vertretern von dreizehn Industrieunternehmen auf die Gründung einer »Stiftungsinitiative der deutschen Wirtschaft: Erinnerung, Verantwortung und Zukunft« geeinigt. Die Worte Schuld, Haftung, Entschädigung oder Zwangsarbeit tauchten im Namen dieses Gremiums nicht auf, das sich bis heute auch weigert anzugeben, welche Rechtsform es eigentlich hat. Man befürchtete wohl, dass sonst Klagen der Einfachheit halber gleich gegen die Initiative gerichtet werden könnten, falls sie prozessfähig im Sinne der Zivilprozessordnung sein sollte.

Die erste Zwischenbilanz nach sechs Monaten Verhandlungen unter der Führung von Kanzleramtsminister Hombach brachte der »Spiegel« auf die Kurzformel: »Dreimal daneben«. Hombach habe keine seiner etwas vollmundigen Ankündigungen über eine zügige Regelung zu einem niedrigen Betrag bei vollem Rechtsschutz ein-

[15] Das Montageband, das Ford gerne vergessen würde. in: Welt v. 8. 10. 1999
[16] »Die bisher angebotenen Entschädigungen sind ein Witz«. Interview von Heribert Prandl mit Michael Hepp, in: Süddeutsche Zeitung v. 7. 9. 1999

halten können. Die »Neue Zürcher Zeitung« kennzeichnete Hombachs Einsatz als »transatlantischen Ablasshandel«. Bundeskanzler Schröder zog aus dem bisherigen Misserfolg die Konsequenz und ernannte im Juli 1999 anstelle von Hombach den früheren FDP-Wirtschaftsminister Otto Graf Lambsdorff zum neuen Entschädigungsbeauftragten der Bundesregierung.[17] Inzwischen wurde am Projekt der Bundesstiftung »Erinnerung, Verantwortung, Zukunft« gearbeitet. Die Stiftung sollte kein reines Finanzinstitut zur Entschädigung der Zwangsarbeiter werden, erläuterte der wissenschaftliche Berater der Bundesregierung in Fragen der Zwangsarbeit, der Jenaer Historiker Lutz Niethammer, sondern ein »moralische Projekt«, das auf die Versöhnung in der Zukunft hinarbeiten und auf die Gefahren totalitärer Herrschaft verweisen, aber auch die Erinnerung an das Unrecht der Zwangsarbeit wach halten solle.[18]

Nach mehreren Verhandlungsrunden wurde in Washington ein Stufenverfahren vereinbart. Zunächst sollte in Deutschland eine Stiftung des öffentlichen Rechts gegründet werden, dann sollte die Stiftungsinitiative deutscher Unternehmen nachweisen, dass sie ihren Beitrag von fünf Milliarden aufgebracht habe, daraufhin sollten die Sammelklagen in den USA zurückgenommen oder abgewiesen und in einem Regierungsabkommen mit den USA das angekündigte »statement of interest« festgeschrieben werden. Als letzten Schritt vor der Überweisung des Unternehmer-

[17] Lambsdorff leitet Entschädigungs-Gespräche, in: Süddeutsche Zeitung v. 23. 7. 1999
[18] Entschädigung nur für Schwerstgeschädigte, Interview von Guido Heinen mit Lutz Niethammer, in: Welt v. 2. 6. 1999; Niethammer, Lutz: Schlussstein und Grundstein, in: Frankfurter Allgemeine Zeitung v. 19. 7. 2000

anteils von der Stiftungsinitiative an die Bundesstiftung sollte der Bundestag förmlich feststellen, dass die Rechtssicherheit für deutsche Unternehmen gewährleistet sei.

In der Bundestagsdebatte über den Entwurf des Stiftungsgesetzes im Juli 2000 appellierte Graf Lambsdorff an die Wirtschaft, großzügig Gelder an die Stiftungsinitiative zu zahlen. Er wies ausdrücklich darauf hin, dass Moral und Geschäft selten so nahe beieinander gelegen hätten, »die Stiftung schützt unmittelbar deutsche Interessen in den USA, nämlich unsere Exporte und Investitionen. Sie sichert damit auch Arbeitsplätze in Deutschland. Sie fördert den Handelsaustausch zwischen den Ländern und das Vertrauen in die Märkte«.[19]

Der CDU-Abgeordnete Wolfgang Bosbach brachte es in der Debatte fertig, gleichzeitig sein Bedauern darüber zu äußern, dass diese humanitäre Geste so spät käme – wozu er und seine Fraktion seit 15 Jahren mit der Ablehnung früherer Anträge von den Grünen und der SPD beigetragen hatten –, mit einem Hinweis auf das von Konrad Adenauer eingeleitete umfangreiche Entschädigungs-, Wiedergutmachungs- und Versöhnungswerk der Bundesrepublik zu verbinden, um dann den großen Vorteil der erlangten Rechtssicherheit im In- und Ausland, vor allem in den USA anzupreisen.[20]

Von der PDS-Abgeordneten Ulla Jelpke wurde vorgerechnet, wie billig die Wirtschaft bei dem Vorhaben wegkäme.[21] Von dem vorgesehenen Beitrag von fünf Milliarden

[19] Deutscher Bundestag, Sten. Berichte 14/S. 10752 ff.
[20] ebenda, S. 10755
[21] ebenda S. 10763; Jelpke, Ulla und Rüdiger Lötzer: Geblieben ist der Skandal – Ein Gesetz zum Schutz der deutschen Wirtschaft, in: Stiften gehen, hrsg. v. Ulrike Winkler, S. 235 ff.

D-Mark könne sie die Hälfte wieder vom Finanzamt zurückholen. Ziehe man dann noch die Beiträge der Banken und Versicherungen für »Arisierungen« und nichtausgezahlte Versicherungspolicen in Höhe von 1 bis 1,2 Milliarden Mark ab, dann verblieben für die Wirtschaft nur 1,3 bis 1,5 Milliarden, die sie zu zahlen hätte. Verglichen mit den nach heutigen Preisen hochgerechneten Lohnforderungen der Zwangsarbeiter in Höhe von 180 Milliarden Mark[22] bleibe die Zahl von 1,5 Milliarden D-Mark, die die Industrie zuzahle, kläglich, »das Verhalten der Industrie ist und bleibt ein Skandal«.

Am 17. Juli 2000 wurde das von Verfolgtenorganisationen und Opferanwälten gebilligte deutsch-amerikanische Regierungsabkommen, das die Rahmenbedingungen für die Zahlungen, die Klageabweisungen in USA und das »statement of interest« festhält, unterschrieben.[23]

Das kurz zuvor am 6. Juli 2000 verabschiedete Stiftungsgesetz sieht vor, dass Zwangsarbeiter mit der Entgegennahme der Zahlung zugleich eine Verzichtserklärungen für weitere Forderungen unterschreiben müssen.[24] Entgegen dem ursprünglichen Plan der Grünen ist für die Bundesrepublik eine Rückgriffsmöglichkeit gegenüber Firmen, die Zwangsarbeiter beschäftigt haben, nicht vorgesehen. Berücksichtigt man, dass die Regierung Schröder ursprünglich der Ansicht war, eigentlich habe nicht sie, sondern nur die Wirtschaft zu zahlen, dann handelt es sich bei dem Stiftungsunternehmen zuallererst um ein Gesetz zum Schutz

---

[22] Kuczynski, Thomas: Entschädigungsansprüche für Zwangsarbeit im »Dritten Reich«, in: ebenda S. 170 ff.

[23] Abkommen über Zwangsarbeiter offiziell unterzeichnet, in: Handelsblatt v. 18. 7. 2000

[24] Deutscher Bundestag, Drucksachen 14/3206

der deutschen Exportwirtschaft, von dem die Zwangsarbeiter in bescheidenem Umfang auch profitieren. Von den Stiftungsmitteln in Höhe von 10 Milliarden D-Mark geht 1 Milliarde ab für den Ersatz der durch Banken und Versicherungen bewirkten Vermögensschäden, 700 Millionen fließen in den Fonds »Erinnerung und Zukunft«, 200 Millionen sind für Verwaltungs- und Anwaltskosten vorgesehen, so dass nur 8,1 Milliarden als Entschädigung ausgezahlt werden. Zwangsarbeiter, die in KZ's oder Gettos leben mußten (Kategorie A), können bis zu 15 000 D-Mark erhalten, für Zwangsarbeiter, die nach Deutschland deportiert und dort in Lagern untergebracht wurden (Kategorie B), sind bis zu 5000 D-Mark vorgesehen.[25] Zwangsarbeiter, die in ihren Heimatländern zur Arbeit gezwungen wurden gehen in der Regel ebenso leer aus wie »einfache Fremdarbeiter«, die in Deutschland etwa in Landwirtschaft oder Handwerksbetrieben beschäftigt waren (Kategorie L). Es bleibt den Stiftungen, die mit der Auszahlung beauftragt sind, überlassen, in welchem Umfang sie Zwangsarbeiter der Kategorie L berücksichtigen wollen, soweit das nicht auf Kosten der Ansprüche der Zwangsarbeiter der Kategorie A geht. Die Auszahlung erfolgt über die bestehenden Partnerstiftungen, die nach 1991 in Verbindung mit dem Zwei-plus-Vier-Vertrag in Osteuropa errichtet worden sind, sowie die Claims Conference. Für die osteuropäischen Stiftungen ist ein Gesamtbetrag von 5,5 Milliarden D-Mark vorgesehen, für die Claims Conference 1,8 Milliarden D-Mark und der sogenannte »Rest der Welt«, also nichtjüdische Zwangsarbeiter in den Niederlanden, Belgien, Dänemark, Norwe-

---

[25] Geplante Entschädigungszahlung, in: Handelblatt v. 13. 11. 2000; Das Entschädigungsgesetz, in: Frankfurter Rundschau v. 7. 7. 2000

gen, Schweden, Frankreich, Ungarn und Rumänien, erhält den geringen Betrag von 540 Millionen D-Mark, der über die in Genf ansässige Stiftung International Organisation for Migration verteilt werden soll.

Wegen der Unsicherheit über die Zahl der Anspruchsberechtigten – die vom Historiker Niethammer errechneten »Florenzer Zahlen«, die von den Verfolgtenorganisationen angegebenen, die von der Stiftungsinitiative der Wirtschaft und dem Finanzministerium zu Grunde gelegten Zahlen weichen stark von einander ab – wird sich erst nachträglich herausstellen, ob auch alle die volle Höhe der vorgesehenen Beträge erhalten werden. Die von Niethammer ermittelten Opferzahlen sind laut Auskunft des Bundesjustizministeriums »vom Bundeskanzler nicht zur Veröffentlichung freigegeben worden«.[26] Abgewiesene Antragsteller sollen nur die Möglichkeit haben, eine interne Beschwerdestelle ihrer zuständigen Stiftung anzurufen, nicht aber zu klagen. Ob es dem deutschen Gesetzgeber verfassungsrechtlich erlaubt ist, sich aus der im Grundgesetz vorgeschriebenen Rechtsstaatlichkeit soweit zurückzuziehen, wird von Verfassungsrechtlern angezweifelt.[27] Gegen einen Ablehnungsbescheid müsse doch eine Klage vor einem deutschen Verwaltungsgericht möglich sein, so das Argument.

Für die überlebenden Zwangsarbeiter mag es eine Genugtuung sein, dass nach Jahrzehnten der Entschädigungsverweigerung doch noch etwas bezahlt wird. Abso-

---

[26] Heinen, Guido: Wer bekommt das Geld? in: Welt v. 7. 7. 2000
[27] Safferling, Christoph J. M.: Zwangsarbeiterentschädigung und Grundgesetz. Zur Frage der Verfassungsmäßigkeit des Gesetzes zur Errichtung der Stiftung »Erinnerung, Verantwortung, Zukunft«, in: Kritische Justiz, 34. Jhg. 2001, S. 208 ff.

luten Vorrang bei der gefundenen Stiftungslösung hat die »Rechtssicherheit« der deutschen Industrie und des deutschen Staates vor Klagen von ehemaligen Zwangsarbeitern. Die überlebenden Zwangsarbeiter haben durch die vom Bundestag fast einstimmig beschlossene Regelung ihren Anspruch auf Entschädigung für die Deportation durch das Deutsche Reich und ihren Lohnanspruch gegen die Zwangsarbeitsfirmen verloren. Fast die Hälfte geht ohnehin leer aus, für die andere Hälfte gibt es bescheidene Abfindungszahlungen als sogenannte humanitäre Geste. Zur Finanzierung des Unternehmeranteils für die Stiftung sind alle Unternehmen aufgerufen, die Zwangsarbeitsfirmen sind von jeder Haftung freigestellt. Damit ist jedes Bekenntnis zu Schuld, Haftung und Sühne ausgelöscht. Die Überhöhung dieser schäbigen Abfindungsleistung der Industrie als humanitäre Geste und Beitrag zur Erinnerungskultur bleibt peinlich. Die an dem Entschädigungsprojekt im Auftrag der Bundesregierung beteiligten Professoren wurden nicht als Bekenner und Aufklärer, sondern als ideologische Verpackungskünstler tätig. Für die NS-Opfer ist ihr später Erfolg ein »bitterer Lorbeer«.

Literatur

Abs, Hermann Josef: Entscheidungen 1949-1953. Die Entstehung des Londoner Schuldenabkommens, Mainz 1991

Adenauer: »Es mußte alles neu gemacht werden.« Die Protokolle des CDU-Bundesvorstands 1950-1953, bearb. v. Günter Buchstab, Düsseldorf 1986

Adenauer, Konrad: Reden 1917–1967. Eine Auswahl, hrsg. v. Hans-Peter Schwarz, Stuttgart 1975

Arning, Matthias: Späte Abrechnung. Über Zwangsarbeiter, Schlußstriche und Berliner Verständigungen, Frankfurt/M. 2001

Baring, Arnulf: Außenpolitik in Adenauers Kanzlerdemokratie. Bonns Beitrag zur Europäischen Verteidigungsgemeinschaft, München 1969

Baring, Arnulf: Machtwechsel. Die Ära Brandt-Scheel, Stuttgart 1982

Bathurst, Maurice E. u. John L. Simpson: Germany and the North Atlantic Community, London 1956

Benz, Wolfgang: Der Wollheim-Prozeß. Zwangsarbeit für I.G. Farben in Auschwitz, in: Wiedergutmachung in der Bundesrepublik Deutschland, hrsg. v. Ludolf Herbst u. Constantin Goschler, München 1989, S. 303-326

Bibliographie zur Wiedergutmachung, in: Wiedergutmachung, hrsg. v. Herbst u. Goschler, München 1989, S. 405 f.

Blanke, Sandro: Der lange Weg zur Entschädigung von NS-Zwangsarbeitern, in: Kritische Justiz, 34. Jhg. 2001, S. 195-208

Böhm, Franz: Das deutsch-israelische Abkommen 1952, in: Konrad Adenauer und seine Zeit. Politik u. Persönlichkeit des ersten Bundeskanzlers. Beiträge von Weg- und Zeitgenossen, hrsg. v. Dieter Blumenwitz u. a., Stuttgart 1976, S. 437-465

Böhm, Franz: Was ist Deportation? in: Gegenwart, 12. Jhg. 1957, S. 166-173

Bonner Vertrag. Vertrag über die Beziehungen zwischen der Bundesrepublik Deutschland und den Drei Mächten nebst Zusatzvereinbarungen und Briefwechsel. Erläutert v. Hans Kutscher. Mit einer Einführung v. Wilhelm Grewe, München 1952

Borkin, Joseph: Die unheilige Allianz der I.G. Farben. Eine Interessengemeinschaft im Dritten Reich. Aus dem Englischen v. Bernhard Schulte, Frankfurt u. New York 1979

Brandt, Willy: Begegnungen und Einsichten. Die Jahre 1960-1975, Hamburg 1976

Brodesser, Hermann-Josef u. a.: Wiedergutmachung und Kriegsfolgenliquidation, München 2000

Brüning, Manfred u.a.: Entschädigung für Zwangsarbeiter. Modelle für die Lösung einer offenen historischen Aufgabe, Köln 1999

Dam, Hendrik George van: Das Bundes-Entschädigungsgesetz, Düsseldorf 1953

Dam, Hendrik George van: Rückerstattungs-Gesetz (Gesetz Nr. 59) für die Britische Zone, Koblenz 1949

Deutschland im zweiten Weltkrieg, v. einem Autorenkollektiv u. Leitung v. Wolfgang Schumann u. Karl Drechsler, Bd. 2, Berlin 1975

Dokumente zur Deutschlandpolitik. Deutsche Einheit. Sonderedition aus den Akten des Bundeskanzleramts 1989/90, bearb. v. Hanns Jürgen Küsters und Daniel Hofmann, München 1998

Eizenstat, Stuart: Best remedy for an irredeemable wrong, in: Financial Times v. 24.7.2000

Entschädigung für NS-Zwangsarbeit. Öffentliche Anhörung des Innenausschusses des Deutschen Bundestages am 14. 12. 1989, in: Zur Sache – Themen parlamentarischer Beratung, Heft 6/1990

Entschädigung für NS-Zwangsarbeit. Rechtliche, historische und politische Aspekte, hrsg. v. Klaus Barwig, Günther Saathoff und Nicole Weyde, Baden-Baden 1998

Evers, Lothar: Verhandlungen konnte man das eigentlich nicht nennen..., in: Stiften gehen, hrsg. v. Ulrike Winkler, Köln 2000, S. 222-234

Ferencz, Benjamin B.: Lohn des Grauens. Die verweigerte Entschädigung für jüdische Zwangsarbeiter. Ein Kapitel deutscher Nachkriegsgeschichte (Less than Slaves. Jewish Forced Labor and the Quest for Compensation, deutsch), Frankfurt u. New York 1981

Féaux de la Croix, Ernst: Schadensersatzansprüche ausländischer Zwangsarbeiter im Lichte des Londoner Schuldenabkommens, in: Neue Juristische Wochenschrift 1960, S. 2268-2271

Féaux de la Croix, Ernst: Allgemeines Kriegsfolgengesetz, Stuttgart 1959

Fisch, Jörg: Reparationen nach dem Zweiten Weltkrieg, München 1992

Goldmann, Nahum: Adenauer und das jüdische Volk, in: Konrad Adenauer und seine Zeit, Politik u. Persönlichkeit des ersten Bundeskanzlers, Beiträge von Weg- und Zeitgenossen, hrsg. v. Dieter Blumenwitz u.a., Stuttgart 1976, S. 427 ff.

Goschler, Constantin: Wiedergutmachung. Westdeutschland und die Verfolgten des Nationalsozialismus (1945-1954), München 1992

Granow, Hans Ulrich: Ausländische Kriegsschädenansprüche und Reparationen, in: Archiv des öffentlichen Rechts, 1951/52, S. 67-78

Grewe, Wilhelm G.: Rückblenden 1976-1951, Berlin 1979

Grosser, Alfred: Die Bonner Demokratie. Deutschland von draußen gesehen, Düsseldorf 1960

Grossmann, Kurt R.: Die Ehrenschuld. Kurzgeschichte der Wiedergutmachung, Frankfurt/M. u. Berlin 1967

Hammerschmidt, Helmut und Michael Mansfeld: Der Kurs ist falsch, München 1956

Heinze, Kurt und Karl Schilling: Die Rechtsprechung der Nürnberger Militärtribunale, Bonn 1952

Herbert, Ulrich: Fremdarbeiter. Politik und Praxis des »Ausländer-Einsatzes« in der Kriegswirtschaft des Dritten Reiches, Berlin und Bonn 1985

Herbert, Ulrich: Nicht entschädigungsfähig? Die Wiedergutmachungsansprüche der Ausländer, in: Wiedergutmachung, hrsg. v. Ludolf Herbst und Constantin Goschler, München 1989

Hübsch, Reinhard (Hrsg.): Als die Mauer wuchs, Potsdam 1998

Jena, Kai von: Versöhnung mit Israel? Die deutsch-israelischen Verhandlungen von 1952, in: Vierteljahreshefte für Zeitgeschichte, 34. Jhg. 1986, S. 457-480

Kischel, Uwe: Wiedergutmachung und Kriegsfolgen. Zur Dogmatik der Kriegsfolgen, in: Juristenzeitung 1997, S. 126-131

Klimpe-Auerbach, Wolf: Deutsche Zivil- und Arbeitsgerichtsbarkeit und NS-Zwangsarbeit, in: Stiften gehen, hrsg. v. Ulrike Winkler, Köln 2000, S. 2005-221

Köhler, Henning: Adenauer. Eine politische Biographie, Berlin 1994

Küster, Otto: Wiedergutmachung als elementare Rechtsaufgabe. Mit Nachwort von Franz Böhm, Frankfurt/M. 1953

Küster, Otto: Erfahrungen in der deutschen Wiedergutmachung, Tübingen 1967

Kuczynski, Thomas: Entschädigungsansprüche für Zwangsarbeit im »Dritten Reich«, in: Stiften gehen, hrsg. v. Ulrike Winkler, Köln 2000

Maier, Charles S.: Die Gegenwart der Vergangenheit. Geschichte und nationale Identität der Deutschen, Frankfurt u. New York 1992

Majer, Dietmut: »Fremdvölkische« im Dritten Reich. Ein Beitrag zur nationalsozialistischen Rechtssetzung und Rechtspraxis in Verwaltung und Justiz unter besonderer Berücksichtigung der eingegliederten Gebiete und des Generalgouvernements, Boppard 1981

Meir, Golda: Mein Leben, Hamburg 1975

Memorandum über die Tragweite des Prozesses Wollheim ./. I.G. für die Belastung des öffentlichen Haushalts und der Wirtschaft im Bundesgebiet, Frankfurt/M. 1955 (Quelle: Archiv der sozialen Demokratie, Bestand SPD-BT-Fraktion, 2.WP, Mappe 260)

Niethammer, Lutz: Schlussstein und Grundstein. Wozu nützt der Zukunftsfonds?, in: Frankfurter Allgemeine Zeitung v. 19.7.2000

OMGUS. Ermittlungen gegen die I.G. Farbenindustrie AG, bearb. v. d. Dokumentationsstelle zur NS-Sozialpolitik Hamburg, Nördlingen 1986

Pawlita, Cornelius: »Wiedergutmachung« als Rechtsfrage? Die politische und juristische Auseinandersetzung um Entschädigung für die Opfer nationalsozialistischer Verfolgung (1945 bis 1990), Frankfurt a. M. usw. 1993

Picker, Henry: Hitlers Tischgespräche im Führerhauptquartier 1941-42, hrsg. v. Gerhard Ritter, Bonn 1951

Piettre, André: L'Économie allemande contemporaine (Allemagne occidentale) 1945-1952, Paris 1952

Die Proklamationen, Gesetze und Verordnungen der Militärregierung Deutschlands (Amerikanische Zone) einschließlich der Proklamationen und Gesetze der Alliierten Kontrollbehörde Kontrollrat. Englischer und deutscher Text. Sammlung C.F. Müller, hrsg. v. Reinhard Anders, Karlsruhe 1946-1948

Pross, Christian: Wiedergutmachung. Der Kleinkrieg gegen die Opfer, Frankfurt a. M. 1988

Der Prozeß gegen die Hauptkriegsverbrecher vor dem Internationalen Militärgerichtshof. Nürnberg 1945-1946, Bd. 25 Beweisurkunden, Nürnberg 1947

Randelzhofer, Albrecht und Oliver Dörr: Entschädigung für Zwangsarbeit?

Zum Problem individueller Entschädigungsansprüche von ausländischen Zwangsarbeitern während des Zeiten Weltkrieges gegen die Bundesrepublik Deutschland, Berlin 1994

Rauschning, Dietrich: Beendigung der Nachkriegszeit mit dem Vertrag über die abschließende Regelung in bezug auf Deutschland, in: Deutsches Verwaltungsblatt 1990, S. 1275-1281

Rhodes, Anthony: Propaganda. The Art of Persuasion: World War II, New York u. London 1976

Safferling, Christoph J. M.: Zwangsarbeiterentschädigungsgesetz und Grundgesetz. Zur Frage der Verfassungsmäßigkeit des Gesetzes zur Errichtung einer Stiftung »Erinnerung, Verantwortung, Zukunft«, in: Kritische Justiz, 34. Jhg. 2001, S. 208-221

Sagi, Nana: Wiedergutmachung für Israel. Die deutschen Zahlungen und Leistungen, Stuttgart 1981

Schirilla, Lazlo: Wiedergutmachung für Nationalgeschädigte. Ein Bericht über die Benachteiligung von Opfern der nationalsozialistischen Gewaltherrschaft, München 1982

Schumacher, Kurt: Reden – Schriften – Korrespondenzen 1945-1952, hrsg. v. Willy Albrecht, Berlin u. Bonn 1985

Schwartz, Thomas Alan: America's Germany. John J. McCloy and the Federal Republic of Germany, Cambridge/Massachusetts u. London/England 1991

Schwarz, Hans-Peter: Die Ära Adenauer. Gründerjahre der Republik 1949-1957 (Geschichte der Bundesrepublik Deutschland Bd. 2), Stuttgart u. Wiesbaden 1981

Spoerer, Mark: Zwangsarbeit unter dem Hakenkreuz, Stuttgart 2001

Stiften gehen. NS-Zwangsarbeit und Entschädigungsdebatte, hrsg. v. Ulrike Winkler, Köln 2000

Sulek, Jerzy: Die politischen Beziehungen zwischen der Volksrepublik Polen und der Bundesrepublik Deutschland in den siebziger Jahren, in: Jacobsen, Hans-Adolf u.a.: Bundesrepublik Deutschland und Volksrepublik Polen, Frankfurt u. Warschau 1979, S. 131-160

Surmann, Rolf: Sternstunden. Deutscher Gedenkfleiß und die Entschädigung der NS-Opfer, in: Wir kneten ein KZ. Aufsätze über Deutschlands Standortvorteil bei der Bewältigung der Vergangenheit, hrsg. v. Wolfgang Schneider, Hamburg 2000

Teltschik, Horst: 329 Tage. Innenansichten der Einigung, Berlin 1991

Tutas, Herbert E.: Nationalsozialismus und Exil, München 1975

Uexküll, Gösta von: Adenauer siegte bei Stalingrad, in: Die Ära Adenauer. Einsichten und Ausblicke, hrsg. v. Janko v. Musulin, Frankfurt a. M. 1964, S. 126-142

Vogel, Rolf (Hrsg.): Der deutsch-israelische Dialog. Dokumentation eines erregenden Kapitels deutscher Außenpolitik, Bd. 1, München usw. 1987

Weber, Petra: Carlo Schmid 1896-1979. Eine Biographie, München 1996

Weidenfeld, Werner m. Peter M. Wagner u. Elke Bruck: Außenpolitik für die deutsche Einheit. Die Entscheidungsjahre 1989/90, Stuttgart 1998

Die Wiedergutmachung nationalsozialistischen Unrechts durch die Bundes-

republik Deutschland, hrsg. vom Bundesminister der Finanzen in Verbindung mit Walter Schwarz, Bd. I-VI, München 1974-1987

Wiedergutmachung und Entschädigung für nationalsozialistisches Unrecht.
Öffentliche Anhörung des Innenausschusses des Deutschen Bundestages
am 24. Juni 1987, in: Zur Sache. Themen parlamentarischer Beratung,
3/1987

Die Wiederherstellung des deutschen Kredits. Das Londoner Schuldenabkommen (Rhöndorfer Gespräche Bd. 4), hrsg. v. Hans-Peter Schwarz,
Stuttgart u. Zürich 1982

Zelikow, Philip und Condoleezza Rice: Sternstunden der Diplomatie. Die
deutsche Einheit und das Ende der Spaltung Europas. Aus dem Amerikanischen von Klaus-Dieter Schmidt, Berlin 1999